JN024668

55歳、小さなひとり暮らし

ワクワク、身軽に、気の向く方へ

しょうこ

大和書房

はじめに
ある日、部屋を片づけたら人生が変わった話

私のひとり暮らしはちょうど1年前、55歳のときに始まりました。約30年ぶりのひとり暮らしは、少しの寂しさと、大いなるのびやかさとともにスタートしました。

今暮らすこの部屋は、築47年の団地風賃貸マンション。もとはといえば16年前、離婚して持ち家を競売にかけられるというピンチの中、差し迫って選んだ物件でした。「子ども3人を抱え、これからどうやって生きていったらいいんだろう」と途方に暮れていたときのこと。7階の薄暗い部屋を内覧しに来た当時のことを今でもよく覚えています。

そして、ふとしたきっかけで部屋の片づけを始めたのが、今から3年前。この片づけをきっかけに、同じ部屋がいつの間にか「世界一大好きなわが家」へと変化し、あれよあれよという間に人生まで思いがけない方向へ転がり始めました。

振り返ってみれば、いろいろあった半生でした。結婚したのは23歳。25歳で長男、27歳で次男を出産しました。当時大好きだったインテリア雑誌を読みながら、憧れの一軒家を手に入れるためヤクルトレディとして働き始めました。その後「書く仕事に就きたい」という夢をあきらめきれずに転職。紆《う》余《よ》曲折を経て、なんとかインテリア雑誌のライターとして修業を始めることになりました。

夢が叶ったとはいえ、仕事と子育てと家事、すべてを同時にこなすのは不器用な私にはなかなかハードルが高く、どんどん家は荒れる一方でした。35歳で長女が生まれ、40歳で離婚すると、ますます難易度が上がります。ひとりで子ども3人を育てながらすべてをこなすなんて到底ムリ〜！　家族や友人の助けを得て、なんとか乗り切りながらも、「家のことはどうでもいいや」とあきらめつつ暮らしていました（食事と洗濯はしないと困るからしぶしぶやっていたけれど）。

部屋は散らかり放題という環境の中でも、子どもたちは無事に育ってくれて、上の兄二人は巣立っていきました。残るは長女だけ。女二人という気楽さもあり、こたつは年中出しっぱなし、布団は敷きっぱなし、玄関にはなぜかダンボールが積まれていたりと、ますます片づけとはかけ離れた生活に。

そこに起きたのが新型コロナ騒動です。実を言うと、その少し前から出版不況によりライターの仕事は減る一方で、すでに大きな不安を抱えていました。そんな中でのさらなる打撃。これからどうやって生きていけばいいのか……。

気が沈みがちなある日、ふとベランダに出てみました。世界中パンデミックで大騒ぎなのに、春の日差しはとてもおだやかで気持ちよく、7階から見える景色は平和そのもの。

「うちのベランダって、こんなに気持ちよかったっけ?」

それからは毎日のように、ベランダでお茶をしたりごはんを食べたり。それならもっとベランダを居心地よくしようと思いついたけど、ちょっと待てよ。それより先に、散らかり放題の部屋をなんとかしたほうがいいんじゃな

い？

もともとずぼらで片づけが苦手。ずっと見て見ぬふりをしてきたけれど、引き出し1個だけならなんとか片づけられるかも。そう思ってやってみたらどうでしょう。きれいに使い勝手よく整頓できたではありませんか。「自分にもできた！」といううれしさは思いのほか大きいものでした。

片づけをしている間は、先行きの不安を少し忘れられます。以前アパート暮らしのときに部屋づくりをしていたワクワクも思い出し、すっかり夢中になりました。1か所片づけるたびに、日記代わりとして使っていたインスタグラムにアップするのが日課になりました。すると知り合い以外の人もフォローしてくれるようになり、その数は日々増えていきます。うれしさの相乗効果で片づけがどんどん進み、家の中のものを半分以上処分する結果に。そして半年後には、「別の家に引っ越したの？」というくらい変化していました。

実は、目に見える部屋の変化よりも大きかったのは、精神的なこと。もともと自己肯定感が低く、言いたいことも言えずにひとりでストレスをため込むタイプだったのが、部屋を片づけたことで〝自分の本音〟がわかるようになったのです。さらにＳＮＳで言語化する習慣がつき、気持ちを素直に表現できるようにもなりました。不思議なことに仕事もうまくまわり始め、人生がどんどんいい方向に進み始めたのです。

自分に自信が持てず、不安ばかり抱えていた私だけど、何気ないことから部屋に目を向けたことで、今ではのびのびとひとり暮らしを楽しめるようになりました。「大きな覚悟」とか「ものすごい決意」なんかなくても、ささやかなきっかけで人って変わることがある。50代からでも、いくらでも新しい人生を始めることができるのです。

この本では、そんな私の〝55歳のひとり暮らし〟の様子や暮らしの中で考えたこと、感じたことを綴《つづ》っています。もし興味を持ってくださったなら、少しの間お付き合いいただけたらうれしいです。

目次

2章 心地よさを保つために

3章 ひとり暮らしの道具選び

4章　気持ちのよい地点を探す

5章　私という木を育てる

元の間取りは部屋を小さく区切った3DK。
圧迫感がハンパなかったふすまを取り払ったら、開放感が出て
のびのびと暮らせるように。

1章
目も心も喜ぶ部屋をつくる

まずは引き出しひとつから

雑誌で必ずといっていいほど定期的に特集が組まれるのが「収納」のこと。考えてみれば、人は物心がついたころから絵本やおもちゃ、文具など「自分のモノ」を持つようになり、量の違いはあってもそれは一生続くわけで。収納って、老若男女どんな人でも、大なり小なり関わっていることでもあるんですよね。読み物の企画として鉄板なわけです。

私がインテリア雑誌のライターをしていたときも、年に1回は収納特集を組んでいました。毎年同じ企画内容だと飽きられるから、その年ごとに特色を出してあの手この手で切り口を変えるのですが、今でも忘れられないのが「開けても可愛い収納」のことです。その名のとおり、ただきれいに整えるだけでなく、扉や引き出しを開けたとたん「あ、可愛い」と思わずきゅんとしてしまう収納のこと。どちらかというと使い勝手より見た目を重視するため、ときに「使いにくいのでは？」と感じることがないわけでもないけれど、それでもいい。だって「開けても可愛い」だけでうれしくなるし、片づけをがんばろうって思えるんですから。

その当時のわが家は、収納なんて呼べたものではなく、押し入れといい引き出しといい、詰め込み放題。収納家具を買ってもその中がぐちゃぐちゃだから、もはや「私に収納は無理」とあきらめていたんです。でも、ふと〝片づけてみようかな〞と思ったとき、真っ先に思い出したのが「可愛い収納」のことでした。収納には苦手意識しかないけれど、可愛くなるならやってみたい！　ひとまず試しに薬がぎっしり詰まった引き出しを1個だけ見直してみよう。そんな始まりでした。

まずは中のものをいったん全部出して、使わないものは捨てる。残った必要なものをジャンル分けして配置を考え、入れ直して――。実際にやってみると生活用品を可愛く見せるのはなかなか難しいものです。でも自分なりに考えて、チューブの薬を箱から出して「無印良品」のプラスチック容器に並べたり、ばんそうこうを100円ショップの白いケース（商品名は「タバコケース」）に入れ替えてみると、すっきり見えてなんかイイ感じ！　難しいことをしなくても、ちょっとした工夫で不器用な自分にも収納はできるんだ！と感動しました。何せ他人を取材していたころは、とても自分にはできないと思っていたから、ハードルが相当低かったのもかえってよかったのでしょう。

ひとつ小さな成功体験をしたら、苦手なことがとたんにおもしろく感じるから不思議なものです。次はとなりの引き出し、その次はキッチンも見直してみようか。そうして少しずつ、1か所ずつ〝散らかった扉の中〟を〝お気に入りの場所〟に変えていきました。あれだけ収納が苦手だったのに、ふすまを開けると中のものが飛び出してきた和室の押し入れも、詰め込みすぎてもはや何が入っているかわからなかった魔窟《まくつ》のようなクローゼットも、今はお気に入りと呼べる場所になったのがうそのようです。

今改めて思うと、「片づけがんばろう」「きちんと収納するぞ！」なんて力まなくて正解でした。きっとプレッシャーに負けて長続きしなかったはずです。それよりも「テンションを上げるために可愛くしよう」「家の中に少しでも好きな景色をつくりたい」とワクワクを基準にしたおかげで、なんか楽しいぞとハマったのでしょう。

ひとつ告白すると、いくら好きな収納になったからといって、いつも整然としているわけではありません。時間がたつとだんだん乱れてくるし、ごちゃごちゃしてくる。乱れたらまた気が向いたときに直せばいい。それぐらいの気楽さが私にはちょうどいいんです。

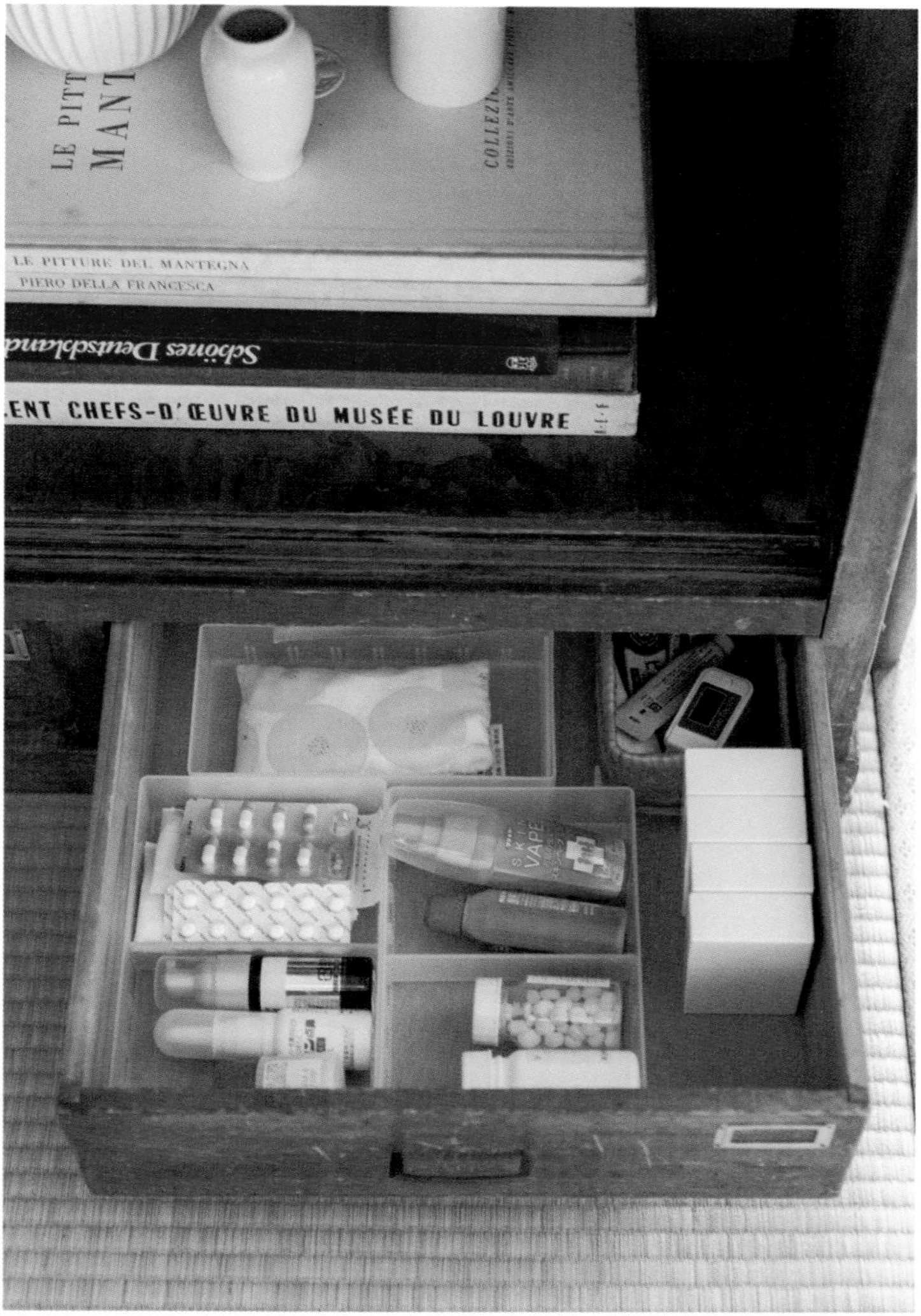

古い本棚の下に4つ並ぶ引き出しは、「薬」「書類」「工具」「電気関係」とアイテム別に収納することに。これは薬の引き出し。「無印良品」や「セリア」のケースを活用してこまごまとしたものをスッキリと。

収納が楽しくなる古道具のこと

苦手だった収納が楽しくなった〝三種の神器《じんぎ》〟があります。それはズバリ、「古道具」と「木箱」と「かご」です。わが家の収納がうまくいったのは、この3つがあったからこそなのです。

そもそも部屋づくりをするとき、収納ってインテリアのサブ的存在として考えることが多いように思います。だって普段は見えない場所だし、なかなか人に見せるものではないから。見た目が悪くても使いやすければそれでいいし、なんなら100円ショップのアイテムだけでいいんじゃない？　だけど前述のとおり、たとえ人に見せなくとも、自分が見るだけ、開けるだけでテンションが上がる場所にしたいという思いがありました。

たとえばDIYや工作が得意な人は、何かに色を塗るとか手を加えることで可愛く見せることができるでしょう。でも私は根っからの不器用人間で、作るのは苦手。だとしたら、はじめから主役級の収納アイテムを使うことしか考えられなかったのです。インテリアとして表に出してもいいものを収納に使うこと。それが〝可愛い収納〟を作るための結論でした。

代表選手は古道具です。これは私の暮らしには欠かせない存在で、今やわが家にあるほとんどの家具が古いもの。まっさらできれいな現行品の家具もいいですが、古い木肌の引き出しや棚は手仕事独特の味があり、長い間使われてきたぬくもりを感じます。とくに古い団地とは相性がよく、ひとつ置いてあるだけでなんとも言えない存在感があるのです。

押し入れの収納を考えていたときのこと。ふすまを外し、中に詰め込まれていた布団やら衣装ケースやら洋服やらを全部出して空っぽにしてみました。このすっきり感はなんとも言えない快感！　だけどここから何をどうしまうべきか――そのとき、空っぽの押し入れの中に、ふと思いついて古道具の書類棚を置いてみました。するとどうでしょう。それだけで「可愛い～！」と胸がきゅんとする、絵になる空間に早変わりしたのです。古道具の力ってすごいなぁと、思わず写真を撮ってしまいました。まず「ここに書類棚を置く」ことが先に決定してしまい、「何を入れるか」はあとから考えたのです。

それから模様替えを繰り返し、その書類棚は今、仕事机の横に置いて文房具入れとして活躍しています（24ページ）。これは、家のあちこちに分散していた文房具をまとめたくて考えた案でした。書類棚は1段ごとの高さが狭いから、こまごました文房具をしまうのにちょうどいいはず。だけどそのままだと取り出しにくいから、100円のトレイと組み合わせて使うことにしました。トレイごとに「ペン」「はさみ」「のり」などアイテム分けしたら、取り出しやすくわかりやすい収納が完成しました。古道具と一緒に使うのなら、100円アイテムがあってもチープさは感じないという発見つき。ちなみに書類棚がなくなったあとの押し入れには、書類棚に負けないぐらい存在感のある古道具を探しまわり、大きめの小引き出しを置くことにしました（25ページ）。

となり合った2つの和室の間にあったふすまを外し、仕切りとして、どっしりと大きくて古い本棚を使うことにしました（170〜171ページ）。この本棚は、実は今の部屋に引っ越してきたとき早々に手に入れていたもの。ネットオークションで競り合って買ったもので、長いこと本がごちゃごちゃに詰め込まれていました。その後、本の数を減らしてシンプルにしてみたものの、なんだかちょっと物足りない感じでした。

あるときふと、「ブックギャラリー風に設《しつら》えてみよう」というひらめきが起きました。そこでオークションで10冊1000円ぐらいの見栄えのいい洋書を買って並べ、棚の上には花びんをディスプレイ。アンティークの木鉢には、枝を飾ったり、時には布の収納に使ったり。ものを減らした部屋はスッキリして気持ちいいけれど、スパイスを少々ぐらいの気持ちでディスプレイするとぬくもりが生まれます。

長いこと探していたのがタオルの棚。タオルってもろに生活感が表れるものですよね。それをいかにやわらげるかというのは、けっこうな難題です。以前は白い棚にかごを使ってナチュラルにまとめていたけれど、それだとまだ足りない気がして——。

そうだ、黒！　黒い棚だ！　たまに古道具屋さんのサイトで目にするシックな黒のガラスケースを使ったら、まるでショップのディスプレイみたいに見えるのでは？　我ながらナイスアイデアだと思ったけれど、それからが長かった。黒のガラスケースってお値段が張るものが多いんです。あきらめずにコツコツ見てまわり、やっと手の届く金額でイメージどおりのものを発見（31ページ）。どの古道具も全部、わが家には欠かせないメンバーたちです。

オークションで買った書類棚は、100円のキッチン用トレイと組み合わせて取り出しやすく。トレイごとに、ペンとはさみ、のりとテープなど種類別に分けることで文房具の迷子がなくなりました。

押し入れの真ん中の段に置いてあるのは「ladybird」のネットショップで買った小引き出し。靴下やコスメ関係のものを収めて。のみの市で買った本立てには化粧水やメイク道具を。

木箱とかごの魔法

青森県のお宅に取材で伺ったときに印象的だったこと。それは「りんご箱は八百屋さんでタダでもらえる」というお話でした。りんごを運搬するために使われるりんご箱は見た目がナチュラルで、インテリア好きの間では〝収納に使うと可愛くなるアイテム〟として人気だったのです。さすがりんごの国・青森では、りんご箱もたくさん余ってるんだなぁとうらやましく思ったものです（ずいぶん前の話だから、今は違うのかもしれません）。

そんなりんごの木箱。何がいいのかというと、ただ見た目が可愛いだけでなく、シンプルな長方形の箱だから縦にしたり横にしたり重ねたりと、工夫次第でアレンジがきくのです。横に2段重ねて本棚にしていた人のおうちを見たときは、シンプルなのにあたたかみがあって素敵で「これは真似《まね》したい！」と思ったものです。手持ちの雑誌をひとまとめに収納しようとしたときに思い出して、長年の憧れはようやく果たされました。もちろんりんごの木箱はタダでは手に入らないから、ネットで買いましたけれど。

りんご箱を2つ重ねて収納棚に。「楽天市場」の「木のはこ屋」で1個1500〜2000円ほどでした。棚に並べたかごは水草で編まれた「リンダ」。かごの中はざっくり「トイレットペーパー」「洗剤やトイレ掃除グッズ」などで仕分けを。

あるとき、意を決して洋室にあるクローゼットの片づけを始めました。ここは家の中で最後まで不要なものをぎっしり詰め込んでいた場所。いざ中のものを全部出したら、90パーセントはいらないものだったことに自分でもびっくりでした。それらを処分したうえで〝この場所を可愛い収納にするぞ〟と決意。洗剤やトイレットペーパーなどの生活雑貨だけを置くストック専用スペースとして使うことにしました。

とはいえ、洗剤はカラフルなパッケージでどうしても生活感が出てしまいがち。そこで考えたのが、りんご箱とかごを使った収納でした。りんご箱を2段に重ねて棚を作り、上にかごを並べたら、パッと見ただけでは中のものは見えません。だけど上からのぞくと一目瞭然。ストックの数がひと目でわかるから、同じものを何個も買うことがなくなったし、あわてて買いに走ることもなくなりました。使ったかごはマダガスカル産の「リンダ」という名前のふた付きかご。本体よりひとまわり大きなふたを外してひっくり返すと、かごが2個になります。このかごを並べて使うのがサイズ的にもぴったんこで、我ながら最高の組み合わせでした。

かごって不思議です。素材や形によってかなりイメージが違って、そこに置いただけでコーナーの空気感が変わるんです。昔流行《はや》ったラタンのかごはどことなく可愛いカントリー風に。目の詰まった褐色のアタのかごは、エスニックな雰囲気を醸し出してくれます。北欧の白樺の皮で編まれたかごを置くと、モダンで北欧っぽくまとまります。たとえ小さくてもそれだけ部屋の空気を変えてしまうものだから、「今の自分にピッタリな気分」のかごを選ぶことが大事。前述のリンダのかごは、マダガスカル産なのにどこか和の雰囲気があって、でもベーシックな風合いが私にはちょうどいい。冷蔵庫の上にも2個並べて、ゴミ袋とビニール袋のストック入れにしています。

そんなわけで、わが家の収納三種の神器は古道具と木箱とかご。共通するのは、どれも形や大きさ、デザインがさまざまで、好みや用途に合わせていかようにもアレンジできる自由度の高さや包容力といったところでしょうか。何事にも「きっちり」が苦手なので、入れ物ありきで中身を考えるぐらいの〝ゆるさ〟があるアイテムがいいのです。

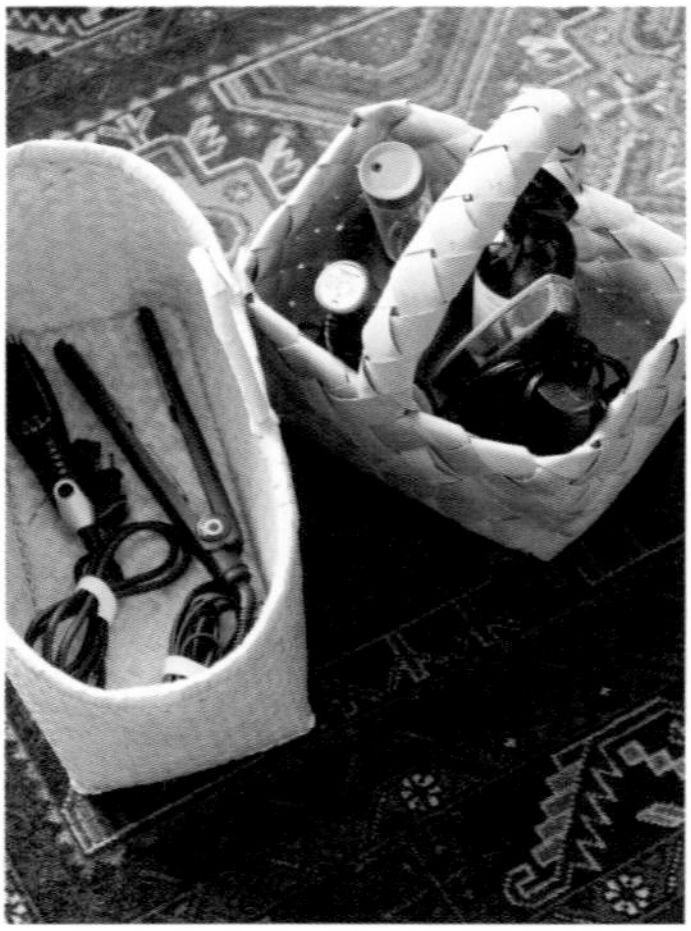

深さのあるかごにはアイロンやスチーマーを、長いかごにはヘアアイロンを。入れるもののサイズに合わせて使い分けて。

冷蔵庫上のかごも「リンダ」。右はスーパーの袋、左はゴミ袋をストック。サッと手を伸ばせば届くから使いやすい。

かなり前に「noji」で買った椀かご(今は扱っていません)。何度も読み返したい保存版の本を入れるのに使っています。

ウンベラータを植え替えたとき、ふと家にあった「ババグーリ」のかごに入れてみたらこれがぴったりでした。

生活感が出がちなタオルを美しくしまいたくて探したのがこの黒い棚。
「デモデ福中」のサイトで見つけたとき「これだ！」と思いました。
扉は外して出し入れしやすく。

青いタイルの小さなキッチン

わが家のキッチンは青いタイル張り。今どきこんなのないよねっていうぐらいレトロ感満載です。50年近く使い込まれただけあって、タイルの目地は汚れているし、カビだって取れない。それがいやで、ありとあらゆるカビ取り洗剤を使って試したんです。それでもダメだったときは、どんなDIYを施して隠そうか？と真剣に考えました。

でも、不器用な私がタイルや板を張ってもきっと見苦しくなるだけ。じゃあどうするか。もう逆にこのレトロさを愛《め》でよう！という結論に至りました。必死で掃除しても取れない汚れはもうしょうがない。だけど並べるものは自分で選べます。好きなものを置くことで、このキッチンを大好きな場所にできるはずだと。

かくして私のキッチン改革が始まりました。最終目標は〝置いてあるものすべてを好きと言える〟状態にすること。そうして改めて置いてあるものをよく見てみると、「使っている」「もう使わない」「好きで選んだ」「好みじゃないけど妥協して使っている」など、さまざまなフェーズのものが混在していることに気づきました。

まず見直すべきは、「あまり使わないし好きでもないのに、ただなんとなく置いてあったもの」。実家からもらってきたり、引き出物でもらったりした食器類、使わないのに同じものが何個もある調理器具、シンク下からいくつも出てくる鍋。これらのものは迷わず処分です。この段階でかなりの数を減らしました。

その次に考えるのは、「気に入ってないけど、どうしても使うもの」のこと。たとえば100円ショップでそろえたチープなプラスチック製の調味料入れ。使い慣れた包丁。2リットルのお湯が沸かせるやかん。好きではないけれど、ないと困る。だからひとまずは補欠要員として働いてもらうことにしました。だって本当のお気に入りを見つけるには時間もお金も必要ですもの。

納得できるものをひとつずつ探して、見つかったら順番にチェンジ。食器から鍋、スプーン1本に至るまでひたすら探し続け、時間をかけて入れ替えていきました。チビチビとマイナーチェンジを繰り返した結果、3年かかってかなり満足がいく品揃えに。調味料入れは、焼き物の砂糖壺や塩壺、ガラスのしょうゆ差しに。包丁はグローバルのペティナイフに。

やかんはババグーリの銅のやかんに。作家さんのうつわもだんだん数が増えてきました。

ものを探すときに重視したのは、第一に使い勝手がいいこと。そしてそれと同じくらい大事にしたのは、素材と質感、色です。１００円のプラスチックはチープに見えてしまうことがわかった。だから焼き物やガラスといった素材を選ぼう。食器なら、量産型のツルッとしたものよりも、作家さんが作ったザラッとした質感があるもの。同じ白でもこっくりとした存在感のある白がいい。また、青いタイルには自然素材が似合うと思ったので、木のトレイを立てかけたりざるを吊《つ》るしたり。水筒を洗うブラシはプラスチック製が多いけど、あえて木のブラシを探しました。そうやってルールを作ることで、自然とまとまり感が出てきました。

最後の最後まで悩みのタネだったのが炊飯器です。15年以上も使い込んだ古いデザインのもので、場所をとるし生活感がにじみ出てしまう。でもごはんは炊かないといけないし……。その問題を解決してくれたのは、１合炊きの炊飯土鍋でした。作家さんのご自宅に取材に行ったときにひと目ぼれしたもので、出しっぱなしにしておいても可愛い。炊飯器は捨てようか迷ったけど、たまに息子が帰ってきたときに使ったり、まとめ炊きして冷凍ごはんを作ったりするので、捨てずに扉の中にしまっておくことにしました。

こうしてひとつひとつのものを厳選したことで、おのずと使うものは必要最小限に絞られ、結果的にミニマムなキッチンになりました。目標だった〝置いてあるものすべてを好きと言える〟状態は90パーセント完成です（まだ大きな鍋やフライパンがチェンジできていないのです）。おかげでキッチンは家の中で一番好きな場所になりました。今やこの青いタイルは、わが家の象徴のようなもの。ここに似合う道具を揃えることが結果的に部屋全体のインテリアにつながったことを思うと、ＤＩＹで隠すことをしなかった自分にグッジョブと声をかけたい気持ちです。

これで「苦手な料理が大好きになりました！」と言えたならカッコイイけど、残念ながらそうはなっておらず、ひとり暮らしになったことで自炊もサボり気味。でも、気分よくキッチンに立てるようになったのは本当です。もし住んでいる家が理想の住まいじゃなかったとしても、その家の個性やいいところを見つけて愛でることはできる。これからどんなところに住むとしても、その事実は私に小さな勇気をくれるのです。

今やわが家の顔となったブルーのタイル。隠さなくてよかったと思います。

おしゃれな照明と暗い部屋

部屋づくりをするとき、ものすごく大事だなと思ったものが3つあります。それは、家具、照明、カーテン。家具はもちろん一番目につきやすいものだから。カーテンも部屋全体で考えると大きな面積を占めるから目立ちやすく、かなり雰囲気を左右します。では照明は？

実を言うと、私は照明の存在をナメていました。いや、大事だということはわかっていたつもり。だけどここまで部屋の空気がガラッと変わるとは……。

それは和室をいったんゼロにして片づけて、私の寝室として再構築しようと思ったときのことです。まだがらんとした畳があるだけの空間に、ひとつ木のランプシェードの明かりをつけたのです。するとそれだけで、なんだかぬくもりがあって、かつおしゃれな部屋に見えるではありませんか。

そのランプシェードは渡邊浩幸《わたなべひろゆき》さんという木工作家さんによる、桜の木を使ったものでした。手彫りの跡が残り、丁寧な仕事ぶりが伝わってきます。形が丸すぎず可愛いすぎないのもポイント。ソケットはくすんだ真鍮《しんちゅう》、コードは茶色のねじれコードなのもテイストが合っています。すべてにおいてパーフェクト！

この出来事以来、照明に対する考えを改めました。ここまで部屋の雰囲気を左右するなら、気軽に選ぶわけにはいきません。ダイニングで使っていた照明をそろそろ替えたいけど、ちゃんと存在感のあるものにしなくちゃ。そう考えて探しまわり、これぞと思ったフランスのアンティークの裸電球を見つけて買いました。ソケットは白磁と真鍮の組み合わせ、コードはシックな白。どうだ！と思ったけれど、なんと10ワットしかなく、ひとつでは暗すぎました。蛍ですか？と言いたくなるほどの暗さにがっくり。

そう、照明で難しいのは、見た目のおしゃれさとワット数というふたつの視点で選ばないといけないところです。おしゃれな照明はたいがい暗いという問題。そういうときのために「スライドレール」なるものがあり、ペンダントランプを複数付けられるアイテムがあります。だけどそこまでするのは面倒で、いつか取り付けようと思いつつそのままになっています。

よく考えてみれば、小さい子どもがいるわけでもないし、暗くてもさほど問題はありません。海外では煌《こう》々と明かりがついているよりも間接照明でムーディーに演出するというじゃありませんか。それでいこう！

でも、ごはんを食べるときに暗すぎるのはなんだか気持ちが盛り上がりません。ごはんが食べられる明るさで気に入ったデザインのものがないかなと探していたのですが、なかなか見つからず、しばらく暗い中でごはんを食べていました。

出合いはふいにやってきました。京都の寺町京極商店街に、とあるアンティークショップがあります。前から気にはなっていたものの、地下にあり入りにくい雰囲気のため、いつも店の前できびすを返していたのですが、あるときふらりと入ってみたんです。そこで目に入ったのが、古い鉄製のスタンドライト。「アングルポイズ」というイギリスの商品で、色違いのものがいくつも並んでいました。ムダのない無骨でシンプルなデザインがかっこいい。黒、グレー、白、赤とあったけど、うちのテーブルに置くなら黒だ！と直感で決めました。

かくしてわが家の食卓に照明がやってきました。夕暮れ時、部屋のあちこちにあるスイッチをパチッと入れる。するとぽわっとオレンジ色の光が灯《とも》り、とたんに〝夜が始まった感〟が盛り上がる瞬間が好き。おかずのお皿を並べながらふふふと笑みがこぼれるし、お風呂あがりにベランダに出て、ベッドサイドの光がガラス越しに漏れているのを見ると「可愛いなぁ」とひとりでニヤニヤしてしまう。照明がお気に入りになるだけで、暮らしの満足度がぐっと上がることは間違いありません。

食卓の明かり、アングルポイズ。京都の「mumokuteki antique&repair」で出合いました。

照明の大切さに開眼するきっかけをくれた渡邊浩幸さんの桜の木のシェード。照明というより愛でる雑貨の感覚。

「oblaat」のネットショップで見つけた白磁ソケットのランプは海外のアンティーク。白いコードもお気に入り。

洋室の窓辺に吊るしたのは「ハンガーライト」という商品。アイアンのフックでどこにでも吊り下げられます。

ベッドサイドのスタンドランプは「chikuni」のもの。人気で8か月待ちだったので、届いたときはうれしかった！

私だけのサンクチュアリのつくり方

さて、ここに、ひとつの部屋があるとします。その部屋はとても散らかっていて、足の踏み場もありません。では、この部屋をあなたの大好きな〝サンクチュアリ（聖域）〟と呼べる部屋に変えるにはどうすればいいでしょうか？

私なら、まず部屋のコーナー一角だけを陣地にとります。理想は1メートル四方だけど、50センチ四方でも、なんならひとつの棚の上だけでもいい。そこを陣地に決めたら、まずはそこにあるモノというモノをすべてどかします。はい、いったん〝ゼロ〟にするのです。ほかの場所は今までどおり、散らかったままでもＯＫ。陣地だけをまっさらのゼロにしてください。ほこりは掃除機で吸ったり、ぞうきんで拭いたりしてきれいにしてくださいね。

ほら、それだけで気持ちよくありませんか？　何も置いておらず、清潔にした場所。ここはあなただけの場所です。誰にも邪魔されることはありません。もし邪魔する人がいたら、本気で怒って死守してくださいね。あなたにはその権利がありますから。

はい、では次に、想像してください。ゼロにした陣地をどんな空間にしましょうか？　あなたはどんなテイストが好きですか？　可愛い感じ、大人っぽい感じ、シンプルにしたいなどなど、なんでもいいです。なるべく細かく、リアルに想像してください。そこにはどんな家具が置いてありますか？　どんな雑貨や日用品が並んでいたら「最高！」と思えますか？

もし何も思い浮かばなかったら、スマホで「Pinterest《ピンタレスト》」というアプリをダウンロードしてみましょう。無料です。検索窓に「インテリア」とか「リビング」とか「書斎」などと入れてみてください。ほら、いろんな部屋の写真が出てきたでしょ？　どれが好きですか？　あるいは「インスタグラム」で同じようにハッシュタグで検索してみてください。ちょっとお金をかけてもいいという人は、月額数百円のサブスクで「楽天ブックス」のアプリをダウンロードして、インテリア雑誌を見てみてください。本屋さんで立ち読みでもいいですよ。

いろんな部屋を見るうちに、「私はこれが好きだな」とか、「こんな感じにしたい！」というのがだんだんわかってきませんか？　わかるまで調べてくださいね。とにかく「好き」「いいな」と思えるものをたくさん見ることです。自分の〝好き〟が何かを知る大事なプロセスなので、納得いくまでやってください。

自分の好きなテイストが見えてくると、「こんな家具がほしいなぁ」とか「ここにキャンドルを置いて〜」「こんな絵を飾ってみようかな」「レコードプレーヤー置きたい！」などの思いが湧いてくると思います。なるべくリアルに想像して、何があれば自分が気持ちよく感じるかをイメージしてください。そして「よし、これだ！」と思ったら、お金を貯めてひとつひとつ自分に買ってあげてください。時間がかかってもいいのです。ゆっくり揃えていくのも楽しみのうちですから。

一角が終わったら、徐々にその範囲を広げていきます。自分の妄想が少しずつ形になっていくと、片づけも楽しくなってきます。早く完成が見たいからアルバイトをがんばろう

わが家のサンクチュアリはダイニングの窓辺とこのベッドまわり。眺めているだけでホッとして、心がほどけていくんです。

玄関は小さな花が引き立つぐらいのシンプルさが気持ちいい。「BLEU PORTE」のネットショップで買った小引き出しにはハンカチなどを収納。

とか、副業を始めてみようかな?なんて思えたらしめたもの。ますます加速できます。

これを実践していけば、数か月、遅くとも数年後には、部屋の中にあなたの〝サンクチュアリ〟が完成しているはずです。サンクチュアリがある生活は、眺めているだけで幸せな気持ちになります。コーディネートしている時間もとっても楽しいです。

最初は棚の上ひとつでもいいのです。小さな空間をまず〝ゼロ〟にして、好きなものを置いてみる。その幸せをいったん味わったら、もっとやりたい!と思えるはず。そうして徐々に範囲を広げていくうちに、いつの間にか部屋全体があなたの大好きな空間になっていく——。となりの部屋も、玄関も……と増やせばおうち全体がサンクチュアリです。

*

あくまでこれは〝しょ〜こ流サンクチュアリのつくり方〟なので、合わない人もいるかもしれません。だけど、一気に片づけようとか理想の部屋をつくろうとしてもできないときは、「小さな空間から大好きな場所にする」を試してみてください。ズボラで面倒くさがりな私にもできたのですから、誰にでもできる方法だと思います。

2章

心地よさを保つために

晴れた日は布団やラグを干すのが好き。この作業だけで癒やされます。

ズボラがそこそこきれいを保つ方法

母はとてもきれい好きな人。朝から晩までまめまめしく動いて、家の中をきれいに保ってくれていました。台所もお風呂場も、排水溝の裏まで毎日きれいにして「こうやると汚れがたまらへんから結局楽なんよ」と言っていました。

今考えるとすごいなぁと思うのですが、きっともともとそういうマメな性分なのでしょう。そんな母から生まれた私はどうかというと、母のいいところを受け継ぐことなく、自分の部屋すらも完全に母任せでほとんど自分で掃除した記憶がないという状態のまま大人になってしまいました。

結婚していたころは、よく夫とケンカしたものです。私は掃除をサボったことをいかに言い訳しようかと画策する毎日。まだ新婚のころ「この掃除機あんまり吸わへんみたい」と掃除機のせいにする私に、きれい好きの元夫は「じゃあほうきを買おう！　うちのおっかあ（お母さん）もよくほうきで掃いてたから」と私をホームセンターに連れていこうとしたことがあって、あのときは焦ったなぁ。結局ほうきは買わなかったけれど、それでも結婚生活の17年間の中では私なりに少しは気をつかっていたつもり。

ところが離婚して子どもたちと私だけの生活になったら、文句を言う人がいなくなったせいで散らかり放題、掃除もサボり放題になってしまいました。ひとりで子ども3人を養育しなければ！というほうに意識が向いてしまい、それどころではなかった……と言い訳すればできるのですが、まぁズボラであることは間違いありません。

ふとしたきっかけで部屋や持ち物を見直したことは、暮らし方や生き方にまで大きな変化をもたらしました。だけどももともとの性分であるズボラが直ったわけでもないのです。掃除は毎日するわけじゃなく、3日に1回ぐらい「そろそろ汚れてきたな」と感じたらようやく掃除機を引っぱり出してくるという具合。インスタグラムを見て「きれいにされていますね」と言ってもらうこともあるのですが、むしろインスタグラムに載せられる写真を撮るために掃除したり片づけたりしているというのが真実です。

そう考えると「部屋を写真に撮る」という行為は、私にとってけっこう掃除や片づけのモチベーションになっている気がします。カメラやスマホは優秀だから、すべてを映し出します。ファインダーを覗いた時点で「あれ、本棚の上のごちゃごちゃが写っちゃうから片づけよう」と思うこともあるし、棚の上の花を写真に撮ったらほこりに気づいて、あわててはたきをかけたりはしょっちゅう。私にとってカメラは一歩引いて客観的に部屋を見ることができるツールです。

そういえば一時期、床を水拭きすることにハマっていたことがありました。きっかけは浅見帆帆子さんの著書に「床を水拭きすると運がよくなる」と書いてあったから。下心見え見えなのが私らしくて笑えるけど、実際にやってみたら気のせいか〝いいこと〟がたくさんあったし、何より心底すがすがしい気持ちになれました。部屋をすみずみまで拭くって、こんなに気持ちいいんだ！という爽快感は、やってみないとわからなかった。やっぱりズボラな私には毎日は続かなかったけれど、今でもたまに気が向いたら床を拭いて気持ちを切り替えることがあります。

きっと母はその感覚を味わうために毎日せっせと家を磨いていたんだな。誰のためでもなく、自分の気持ちよさのために。

何かモヤモヤしたことがあるときは、「そうだ」と思い出して玄関のたたきを水拭きします。5分程度で気持ちまでスッキリできてお得。

ちょうどよい掃除道具たち

私と同じく、掃除が苦手な人にはわかってもらえるかなぁ……。立派な掃除道具をあれこれ揃えると「がんばって掃除しないと！」と逆にプレッシャーになってしまう気持ち。最新で機能的な道具は世の中にたくさんあるけれど、ズボラな私が買ったとしても、使うのが面倒になってしまうことは目に見えているのです。だからわが家の掃除道具は必要最小限。もしきれい好きな人が見たら「え、これだけ？」と驚かれそうだけど、これでなんとかなっているからいいんです。

必要最小限にしている理由はもうひとつ。好きじゃないデザインの道具を家に置きたくないからです。家電や道具って、機能重視で変にカラフルなデザインだったり、味気ないものが多い。便利だからといってそれらを置いてしまうと、視界に入るたびに「うーん、好きじゃないな」と気になって仕方がないはず。日常的に使うものだからこそ好きなデザイン、素材、色のものを選びたい！　そうすることで苦手な掃除だって「これを使えるならまぁいいか」と少しはやる気が出るというものです。

ところが、デザインのよいものは得てして機能がイマイチということもあります。こればかりは使ってみないとわからないのがツライところ。私が今まで使ってみてよかったものをご紹介します。

○掃除機

10年ぐらい使っていた掃除機が壊れたときに、いろいろ試してみました。やっぱりスティック型が邪魔にならなくていいよね！と安くて軽くておしゃれなものを使ってみたら、1年も経たずに吸引力がなくなりました。次は吸引力重視にしようと、最新型のスティックタイプをモニターで試させてもらったら、使い心地よくて最高！　だけど値段もかなりするのでためらってしまい……。先にほかのを試してから考えようと、次はロボット掃除機をモニターさせてもらいました。確かにほったらかしにできるのは便利。だけどわが家は段差が多くて、いちいち手で持って移動させないといけないのが逆に不便でした。そうしてたどり着いたのが「マキタ」のスティッククリーナー。よかったのはデザインがシンプルなこと。吸引力もこれなら合格。ゴミ捨てもワンアクションでできるし、軽めで

愛用しているはたきは「mi woolies」のウールダスターS。羊毛を使ったはたきで、見た目が可愛いから掃除するのがうれしくなります。

昔ながらのレトロな洗面所はなるべくものを置かずスッキリ見せて。床には掃除用スプレーやウエスを入れたびんを板にのせて置いています。

持ちやすい。すべての面でバランスがよかったのです。ちなみにマキタは種類がいろいろあり、吸引力やゴミ捨ての方法も違うので、気になったらチェックしてみてください。

○はたき

昔はほこりを払うのもぞうきんでやっていました。濡らして絞って乾かして……。それが面倒すぎて余計苦手になってしまい、何かいいアイテムはないかなと考えました。よく広告で目にするワイパーに走りそうになったけど、見た目が好みではなく導入できずじまい。そこで見つけたのが羊毛はたきでした。見た目がフワフワで可愛いし、木の柄もナチュラルな雰囲気。これなら見えるところに置いてあっても視界の邪魔になりません。実際に使ってみると、サーッとなでるだけでほこりをしっかり絡め取ってくれて優秀！　ちなみに使う頻度は毎日ではなく、写真を撮るときにほこりに気づいて「あ、はたきしなきゃ」となったときが出番です。

○洗面所チーム

これは洗面所の床に板を置き、並べているもの。メンバー紹介をすると、まず大きめのびんに使い古したタオルをカットしたウエスを入れていて、たまに玄関やベランダの床を拭くのに使っています。使い捨てにしたことで「洗わなきゃ」という気持ちの負担もゼロに。１００円ショップのびんに入れているのは「オキシクリーン」。お風呂の床をきれいにしたいときや、なかなか取れない汚れにペースト状にして使ったりしています。洗面所のシンクや床を掃除したいときは「マーチソンヒューム」のボーイズバスルームクリーナーを。壁や鏡、窓ガラスなど家中を大がかりに掃除したいときのために「ザ・マジックウォーター」のスプレーも置いています。

キッチンを除き、わが家の掃除道具はこれだけ。たくさん揃えなくても「これがあればなんでもいける」メンバーです。いくら姿が好きでも、ほうきとちりとり生活はハードルが高すぎるし、最新機器は手に余る。その中間ぐらいの〝私にちょうどよい〟道具たちです。

毛布は夏に洗うことにした

突然ですが、衣替えってどんなふうにしていますか？　私の場合はほかの家事同様、気分次第で行き当たりばったりなのですが、最近は気候が乱れがちなので、ますます難度が増しているように思います。

冷え性の私にとって、とくに布団の衣替えは悩ましい。とにかく足先が冷えるので、4月か、ともすれば5月ぐらいまで電気毛布を使うことがあるのです。上に掛けるものは羽毛布団、薄手の布団、毛布と3枚使っていて、その日の体感温度によって増やしたり減らしたりして調節しています。

季節の変わり目には「今日は出番がないけど、明日は毛布を使うかも」という〝あいまい期間〟があって、その期間中は使わない布団の収納に困る。たたんで部屋の隅っこに置いてはみるものの、けっこう場所をとるし邪魔なのでどうにも落ち着かないのです。

今年は梅雨入りギリギリまで肌寒い日が多く、毛布がなかなかしまえませんでした。「さすがに暑いからもう使わないはず」と思えたときにはすでに梅雨入りしていて……。本当なら雨の日にはしまいたくないのですが、ついにがまんしきれなくなって押し入れにしまうことにしました。できれば天日干ししてからしまいたかったと思いつつ。

ところで毛布ってどんなタイミングで洗うのが正解なんでしょう？　私は以前は衣替え前に晴れた日を狙って洗濯機で洗い、しっかり乾かしてから収納ケースに入れていました。だけどあるときふと気づいたんです。真夏に洗ったほうがカラッと乾くし気持ちいいはず！　それ以来、毛布を洗うのは夏になりました。いったんしまった毛布を、真夏に出して洗うのです。

ふとんの収納には「イケア」のスクッブというケースを使っています。リサイクル素材を使ったポリエステルでできていて通気性がよく、硬い板が入っているので自立し、押し入れに立てたまましまえるところがポイント。何より見た目がシンプルですっきり。ふすまを外した押入れでも、目障りになるどころかなんとなくおしゃれな収納に見えるんです。片づけを始めたばかりのころ、とにかく来客用と季節外のふとんの収納に困っていたから、これを見つけたときは「やったぁ！」と小躍りしたい気分でした。

毛布とふとんをたたんでケースに入れて。部屋がすっきりしたら、あとは真夏に出して洗うのを忘れないこと。これも「もう少しあとでいいか」とのんびりしているうちに台風シーズンがやってきて、タイミングを逃してしまいそうになるから要注意です。

自分でも笑ってしまうけど、寒い季節を迎えてから「この毛布、夏のうちに洗ったっけ？洗ったよね？」とくんくん匂いを嗅ぎながら忘れっぽい自分を疑ってしまうのです。〝これは洗濯済み〟みたいなタグとか、何か印でもつけておいたほうがいいかもしれないと思う今日このごろです。

「イケア」のスクッブは、立てたまましまえて取っ手も付いたすぐれもの。3年使って取っ手が取れてしまったのでチクチク縫いました。

古い団地の寒さ対策

「ふすまを外しちゃって寒くないですか？」とよく聞かれます。はい、寒いです！　もう声を大にして言いたいぐらい寒い。一軒家にくらべると集合住宅は暖かいと聞くけれど、建物が古いからか、うちはそんなことありません。しかも、6畳2間と8畳のダイニングキッチンを仕切っていた7枚のふすまをすべて取り外し、ひと間続きにしてしまったのですから。広さにすると計20畳。そこで使っているメインの暖房器具は6～8畳用のガスファンヒーターが1台だけです。エアコンは2台ありますが、上から風が来るのがどうも苦手なので、よっぽど寒いときじゃないと使いません。

もともと暖かくすると顔がほてりやすい私。寒がりのくせにやっかいな悩みです。加えて末端冷え性で足先は氷のように冷たいんです。熱めのお風呂に浸《つ》かっても、出た瞬間から冷え始める。冬、外出するときは必ず「貼るカイロ」を靴にしのばせるし、お腹や腰にも貼ったりします。

今思い出しても笑ってしまう話があって、あるとき飛行機に乗ろうとしたら検査場でピーピー音がなり、あわててその場でカイロをはがしたことがありました。そりゃあ大判4枚も体のあちこちに張りつけてたら、鉄の粉が原料であるカイロは金属探知機に反応しますよね。恥ずかしいやらおかしいやら。


顔はほてる、足は冷える。そんな体質の私と長年親友だったのは、こたつさんでした。足を差し込めばまんべんなく温めてくれる優しい彼。冬はこたつでみかんと読書。そのままぬくもりに包まれてゴロンと横になりお昼寝する幸せよ。

でもインテリア的には、こたつはなかなか手ごわい相手となります。どれだけ部屋をおしゃれに整えていても、こたつがあるだけでとたんに台無し。部屋を見直したときにその存在感に耐えきれず、部屋を占拠していた巨大なこたつを思い切って手放すことにしました。私の親友、さようなら。なしで耐えられるかどうか不安だったので、念のためコンパクトサイズのミニこたつを買ってみたものの、結局あまり使っていません。なぜなら、新たな親友が現れたから。

それは電気毛布くんです。彼もなかなか優秀です。こたつさんほどの包容力はないけれど、足先をまるっと包み込めるという利点があります。体に直接密着して温められるのはかなりいいもので、私に合っている気がします。

以前、ダイニングテーブルでごはんを食べている時間はこたつに入れず寒い思いをして、〝ダイニングこたつ〟を買うべきかずいぶん悩んだことがあります。そのときは納得できるものが見つからずに断念。でも電気毛布さえあれば、家中どこへでも持ち歩けるから食事のときも寒くありません。もちろん寝るときも一緒。ベッドには〝敷く電気毛布〟をセットしてあって、さらに〝掛ける電気毛布〟でサンドイッチすれば最強の布陣となってくれます。

というわけで、私の中では電気毛布最強説が流れているこのごろ。正直、ふすまを外すときに一番心配していたのが寒さ対策だったので、なんとかしのげていることにホッと胸をなでおろしています。今よりも寒さが厳しくなる年があれば、また何かしらの工夫が必要かもしれないけれど、今のところはこれで様子見かな。冬だけふすまを復活させることはこれっぽっちも考えていません。ふすまくんには悪いけど、もうあなたの姿は見たくないの、ごめんね。

冬場はまるで恋人のように常に一緒に過ごしている電気毛布くん。「楽天市場」で買った大判サイズで腰から足先まで温めてくれます。

私に勇気を与えてくれるお守り

この歳《とし》になるまで、香水にはあまり縁のない人生でした。だけどどうしたことでしょう。ここ最近、自分から〝おじさんのにおい〟がするんです（いやほんとに！）。悲しいかな、これが加齢という現象なのかもしれません。このことに気づいた後だったか先だったか忘れてしまったけれど、エッセイストの紫原明子《しはらあきこ》さんがインスタグラムで書かれていた文章が目に飛び込んできました。

香を嗅いだ瞬間、私は香水屋ではなく、花屋にいました。花の蜜の甘い香りと、切った茎の青臭い香りと、ついでにわずかに、茎の浸るバケツのぬるっとした水の香り。Maison Louis Marieというブランドの No.02 Le Long Fond。ルイマリーという植物学者の子孫たちが作っているブランドだそうで、プロダクトの一つ一つはルイマリーの訪れたさまざまな実在する植物園の香りをイメージして作られているとのこと。――略

（紫原明子さんのインスタグラムより）

なんて美しい文章なのでしょう。その豊かな表現にうっとりしながら考えました。嗅いだ瞬間、香水屋にいるはずが、花屋にワープしたような感覚になる香り。これってどんな香りなんだろう？　想像をかき立てられ、どうしてもその香りを嗅いでみたくなった私は、どこで買えるのか紫原さんに直接聞くことにしました。ちょうどそのころ、紫原さんが主宰する「もぐら会」に参加したばかりだったのです（もぐら会についてはぜひ検索してみてくださいね）。

教えてもらった香水屋さんに初めて足を踏み入れた私は、「なるほど、これか……」とMaison Louis Marie のNo.02 Le Long Fondをくんくん嗅いで納得しました。香水というよりもっと軽い、草原のような香り。だけど私の心を捉えたのは、同じシリーズのAntidris Cassis のなんともいえない甘酸っぱい香りでした。自分がこんな香りをまとえたなら、おじさんのにおいもごまかせるはず（切実）。

そんなわけで、すっかりお気に入りとなったこの香水は、出かけるたびに私に勇気と安心をくれる欠かせないアイテムとなりました。ちなみにシュッと空間に噴霧して、その下をくぐると髪がふわりと香ると知ってから、シュッ↓スッという傍から見れば謎の行為であろう儀式を毎回行っています。

香りといえば、子どものころ、友だちの家に遊びに行くたびに感じていたのが「その家のにおいってあるなぁ」ということ。わが家は古いので、お客さんが来ると「何か変なにおいがしていないかな？」と気になっていて。それでまずはにおい対策として使い始めたのがお香でした。

ところが、お香っていい香りがするだけじゃないんですね。ゆらめく煙の形が面白くて、いつまでも眺めていられる。そうしているうちに、心まで静かになっていく——。すっかりハマってしまい、いろんなメーカーのものを試してみました。中でもお気に入りは「アポテーケ」のシリーズ。パッケージデザインもセンスがよく、香りがダントツに好き。下北沢にある直営ショップでは、すべての香りをテイスティングできるので、チェックしつつ順番に買っています。香水が外でのお守りなら、お香は家のお守りといえそうです。

Maison Louis Marieの香水はびんも美しい。丸いお香立ては東京・世田谷の「This」で買ったクウィーニー・チャンさんの作品。

心の平和は部屋の心地よさからやってくる

部屋を片づけたことで変わったことはたくさんあるけれど、もしかして一番よかったのは「暮らしを五感で味わうようになった」ことかもしれません。振り返ってみれば、それまでは暮らしの中の心地よさなんて意識したことすらありませんでした。ところが今は、生活していて〝心地いいなぁ〟と感じる瞬間がたくさんあるのです。ではどんなときに心地よさを感じるか、毎日の暮らしを思い返して挙げてみると――。

・朝起きて窓を開け、山並みと空が視界に飛び込んできたとき
・小鍋で白湯を沸かしてボコボコ沸騰させたあと、マグカップに入れて飲むひととき
・銅のやかんで麦茶を沸かす一連の作業をするとき
・窓を開けて、風でカーテンがふわりと揺れる様子から目が離せなくなったとき
・鉢植えをベランダに並べて水やりするとき

・晴れた日に布団を干し、枕を木の洗濯物干しに並べたとき
・ベッドにゴロンと寝転がって、ふと青空が見えたとき
・洗濯物が風に揺れている姿を見たとき
・お香を焚《た》いてゆらゆら流れる煙をぼ～っと眺めているとき
・夕暮れどき、団地の下にある小さな公園からブランコの軋《きし》みと子どもの遊ぶ声が聞こえてきたとき
・お風呂あがりにベランダで夜風にあたりながら夜景を眺め、月を探すひととき
・夜のベランダからガラス越しに明かりの灯った部屋を眺めるとき
・雨音を聞きながらしっとり濡れる木々の様子を眺めるとき

こうやって文章にしてみると、本当に何気ない瞬間かもしれません。だけど、目・耳・鼻・肌・舌で味わうこの何気ない瞬間から、生きていくためのエネルギーをもらっている気がするのです。ひとことで言うと「あ～、平和だな～」と感じられる感性。これって本来どんな人にも備わっているものなのに、ここが鈍っていると、かつての私のように必要以上にイライラしたり焦ったりしてしまう。

わざわざ出かけなくても、半径5メートルの暮らしの中で平和な瞬間を味わうことは誰にでもできること。何がいいって、気持ちが平和モードでいるときは「今この瞬間」に集中しているから、悩みにフォーカスしなくてすむんです。

私は以前、「悩みが解決するから心が平和になれる」と思い込んでいました。だけど最近はこれって逆なんじゃないかと思っています。部屋を片づけて心地よさにフォーカスする時間が増えることで、不思議と悩みがなくなっていくのでは?と。よく言うじゃないですか。大自然を前にしたらちっぽけな悩みがなくなったとか。それに近いものが私の生活で起きているような気がします。

何より、平凡な日常の中にもたくさんの楽しみを見つけられるのはうれしいこと。心の平和を保つ工夫って、こんな小さなことから始まるのかもしれません。

気持ちのよい風がカーテンを揺らす姿をぼーっと眺めている時間が好き。実はカーテンといっても切りっぱなしのガーゼの布なんです。

築47年の部屋と大家さんと私

この部屋に住んで17年目になります。離婚して引っ越してきたのはまだ末娘が4歳ぐらいのとき。長男の中学校と次男の小学校の学区を変えることなく想定の家賃内でとなると、物件は限られていました。学区でいえば端っこだし、夜は暗そうだし、越してきたときは不安だらけ。まさかこんなに気に入って長く住むことになるとは思っていませんでした。ここの住宅は名前に「○○団地」とついていて、建物の造りも団地風。だけど公営の団地ではなく、借りるときは不動産屋さんを通じて探してもらった普通の賃貸物件です。この部屋を所有している個人の大家さんから借りるという形態でした。でもなんで「団地」って名前がついてるんだろう？

建物は古くて、現在築47年。そうなるといろいろ不具合が出るもので、あるときお風呂の湯沸かし器が点火しなくなってしまいました。不動産屋さんに連絡をとり、業者さんを手配してもらうことになったのですが……。

なんとそのあと大家さんから直接電話があり、「ちょっと、私が直接見に行くわ！　業者も私が昔からお世話になっているところがあるから」とおっしゃるのです。

通常、賃貸物件の場合は直接大家さんとやり取りすることはなく、不動産屋さんを通じてやり取りするはず。めんくらった私は、「え、来られるのですか？」とやや迷惑ぎみに返しました（正直すぎ）。すると、「そりゃそうでしょ、うちの物件なんやからね」と有無を言わさぬ姿勢。「はぁ、わかりました」と応えざるを得ませんでした。

ところが到着した大家さんは、意外にも遠慮がちでした。

「入ってもいいの？　突然ごめんなさいね。どうしても気になってねぇ。いやぁ、懐かしいわぁ。建ったころは私がひとりで住んでたのよ。あら、意外ときれいに使ってくれたはるんやね」

よかった。少し安心しました。一緒にお茶を飲みながら、大家さんの話を聞かせてもらいました。長く郵便局に勤められて、結婚はせずここを買ったこと。家の事情でほかの場所に部屋を買ったけれど、この部屋に思い入れがあって、手放さずに貸すことにしたこと。借り主である私の保証人の姉が郵便局員だったから信用しようと思ったことなど。へぇ～、そうだったんだ。打ち解けて話すといい人でよかった。迷惑ぎみに返して申し訳なかったな。

　手配した業者さんも到着しました。ところが問題発生！　なんと、湯沸かし器のガス栓の扉が錆《さび》ついて開かないのです。そりゃそうです。私はその扉の鍵を持っていないし、開けることはありません。十何年も開けないと錆ついてしまうこともあるはず。そこからは大騒ぎで、団地の管理組合の役員さんを呼んできてバールでこじ開けようとしてもダメで、とうとう扉を開くための業者さんを別に呼ぶことになりました。

「はぁ〜、古い物件っていろいろ大変よね」

　大家さんはため息をつきました。

「管理費も毎月かかってるし、こうやってトラブルがあると修理費がかかるでしょ。今回だって何十万も飛んでいくのよ。でも昔自分が住んでたから思い入れもあってね……。あなたここ買わない？」

　と冗談めかしておっしゃるのです。

「えええ……そりゃ買いたいです！　でもお金がないし、ローンだって組めるかどうか」

「もう貸すのやめようかしら。次の更新までにしようかなぁ」

そう聞いた私は血の気が引きました。え、2年後にはここ引っ越さないといけないの？ そのときの私はよっぽど青ざめた顔をしていたのでしょう。次の日に電話がかかってきて、「やっぱりずっと住んでいいわよ。昨日のあなたの落ち込んだ表情が忘れられなくて。住むところがなくなるなんて言われたら困るわよね」と言ってくれました。

その後、無事にお風呂も修理がすみ、一件落着。やれやれです。とはいえ、いつ大家さんの気持ちが変わるかは神のみぞ知る。私もこの部屋には大家さんに負けないぐらいの愛着を感じているけれど、もし出て行かざるを得ないときがきたら、そのときはきっぱりあきらめようと、覚悟だけは常に持っていることにしました。

後日談ですが、ある日知らない人からインスタグラムにメッセージが届きました。「窓からの景色でわかりましたが、何十年も昔、そこに住んでいた者です。昔は公団だったんですよね」と。調べてみると、賃貸の公団はその後「ＵＲ」と名前を変え、分譲されたよう。そして「団地」という名前だけがそのまま残ったのでしょう。長年の謎が解けてスッキリしました。

ベランダから小さな公園を眺めるのが好き。
昔はうちの子どもたちもよく遊びました。今でも子どもの声が聞こえるとなごみます。

部屋の片づけと正直に生きることはつながっている

「部屋を片づけて掃除したいけど、忙しくて時間がないんよね～」

ライターをしていた20年もの間、ずっとそう言い続けてきました。でも心の中ではちゃんとわかっていたんです。

ちゃうちゃう、それって本心じゃないよねぇ。片づけしたい人は忙しい合間を縫ってでもやるし、やらないってことはやりたくないからだもん、と。

その証拠に、時間ができてもひたすら休むか、遊びに行ってリフレッシュすることに時間を使っていましたから。それに、インテリア雑誌のライターとして年間70～80人ものお宅にお邪魔して暮らしを見せてもらっていたら、イヤでもわかっちゃいます。フルタイムで働きながら子育てをしていても、しょっちゅう部屋の見直しをしているという人はたくさんいる。そう、「忙しい」は言い訳。真実はシンプルで、したい人はする。たとえ時間があったとしても、したくない人はしないのです。

じゃあ、なぜ片づけができない人はできないのか。私が思うに、「自分と向き合うのが怖い」という思いが心のどこかにあるからかも、と。そう、かつての私のように――。

家を片づける前の私は、家族にも友だちにも仕事関係の人にも本音が言えませんでした。心のどこかに固くふたをして、だれにも心を見せまいとしていました。うまく伝えられる自信がなかったし、本音を言ったら嫌われると思っていました。思えば、幼いころからそんな経験を繰り返して、そう思い込んでしまったのかもしれません。

でも、あるときふと部屋を片づけ始めたことで、そのふたは徐々に開いていきました。はっきりした理由はわからないけれど、私の想像では、部屋を片づけることでとことん自分と向き合う結果になったからではないかと思います。

たとえば、ひとつものを捨てるにしても「いる？ いらない？ 捨てていい？」と考えます。するとそれを買った当時の気持ちを思い出したり、なぜずっと手元に置いてきたかなど、自然と自分を振り返る作業になるのです。

「男性にモテたくて、〝あざとい〟このワンピースを買ったなぁ」

「どうにか自分を好きになりたくて、この本を手に取ったんやな」

ズボラだった私が部屋を片づけられたのも、
そのときの状況や環境に限界が来ていたゆえ、
自然のなりゆきだったのかもしれません。

もうそれは自分のことですから、思い出してしまうとどこにも逃げられません。恥ずかしい自分の本音がどんどん湧き出てくる。だけどひとつひとつ受け止めることを繰り返すうちに、今まで気づいていなかった本音まで顔をのぞかせるようになります。

「そういえばあのとき、あの人に言われて傷ついたわ」

「私って相当ガマンしてきたんやん」

ふたをしていた本音に、自分が〝気づいてあげる〟という行為は、それだけで傷を癒やす効果があるのではないかと思います。そして「いろんな思いが詰まったものを捨てる」という物理的な行為は、嫌な気持ちも一緒に流す効果があるようでした。部屋が片づくにつれ、気持ちがとてもスッキリしてくるのです。

湧き上がってくるさまざまな〝気持ち〟を受け止め、認め、流す行為を繰り返すことで、私は自分の正直な本音も受け止められるようになりました。すると、今まで人に対して遠慮して言えなかったことが言えるようになったのです。私はこれが嫌だ、こうしたい、と。

「やりたくないことはもうやりたくない。やりたいことだけして生きていきたい！」

そんな気持ちが湧き上がってきたことを今でも覚えています。その正直な気持ちを認めることで、次第に私の人生が動き始めました。

「しょ〜こさんみたいな部屋にしたいのですが、片づけができないんです」

「どうしてもモノが捨てられなくて……」

たまにこんな相談を受けることがあり、その都度どうお返事したらいいか迷ってしまいます。だって、きっとその方は覚悟ができていないと思うから。無理に人を動かすことはできないし、自分で気づいて動き出さないと意味がないような気がして。

なにも無理に片づけを始めなくてもいいと思うのです。人それぞれに合ったタイミングがあるはず。そのときがきたら、何かしらのピンチに巻き込まれてやらざるを得ないようになるとか、湧き上がる片づけ欲が来て一気にやってしまう、なんてことになるかもしれません。それまでやる気が出ないなら、しなくてもいい。自分を責めなくても大丈夫。きっとベストなタイミングがあるから、動き出したくなるのを楽しみにしておきましょう！

3章
ひとり暮らしの道具選び

日々のごはんで「今日はどのうつわを使おうかな？」と考えるのが楽しい。

小さくてもいいという発見

あれれ？　これって小さくてもいいのでは……？　部屋を片づけて手持ちのモノを見直すうちに、気づくことがありました。

たとえばまな板。食べ盛りの子どもを含む5人家族だったときは、どんなメニューでも刻む野菜は大量、使うお肉のパックも５００グラム以上が必須でした。そんな食材を切るために長く使っていたのは、京都の東寺で毎月開かれる「弘法市」で手に入れたヒノキのまな板でした。がっしりして大きさも十分、何年も私たちの食卓に並ぶおかずを作るのに活躍してくれました。買ったときは「これは一生使えるかも」と思っていたけれど——。

あるときふと出合った「無印良品」のまな板がその思い込みを変えてくれました。正式な商品名は「ひのき調理板・薄型・小」というもの。木のトレイに和菓子と湯呑みをのせて自宅でのおやつタイムを楽しみたいなぁと思い、探していたときに見つけたものでした。

サイズは24×18センチで、小皿と湯呑みを並べたらほどよく収まるサイズ。これに季節の生菓子をのせたらさぞ可愛いだろうとほくほくして持ち帰り、セッティングしておやつ時間を楽しみました。

その後、ちょっとくだものを切るとか、朝ごはんのトマトを切るなんてときにも便利かも？と思って使い始めたら手軽すぎて、もう大きなまな板には戻れなくなってしまいました。だって軽くて小さくて扱いやすいし、十分事足りてしまうんだもの。そっか、わが家にはもう大きなまな板は必要ないんだ！

そうしてキッチンを見回すと、ほかにも小さくてもいいものがたくさんありました。長年使い続けて、何度研《と》いでも切れ味が悪い安物の包丁。それをネットで調べてレビューがよかった「グローバル」のペティナイフに変えたら、持ちやすくて切りやすい！　切れすぎる包丁ってちょっと怖かったけど、ペティナイフならうっかり者の私でもうまく扱えます。

お玉や泡立て器、ボウルなどのキッチンツールは、小さいサイズでも問題なし。どうせならと、ちょっと高くてもデザインと使い勝手がいいものを選びました。すると引き出しに並んでしまわれている姿が可愛くて、開け閉めするだけで楽しくなりました。鍋だって、25センチ深型なんてほとんど使わない。「富貴堂《ふうきどう》」の400ミリリットル珈琲サーバーは、片手で包み込めるぐらいのサイズで、ちょっと野菜を湯がくとか、ひとり分のお味噌汁を作るのにぴったりでした。置いてあるだけで絵になる姿もいい。

長く使い続けてきた道具って、なじみすぎてなかなか買い替えるという発想にならず、見落としがち。「まだ使えるのにもったいない」とも思うけど、今の暮らしにフィットしていないことに気づいてしまったものは仕方ない。ズレや違和感を持ち続けたまま無理に使い続けるより、機嫌よく料理がしたいんです。そうやって自分に正直でいることのほうが私にとっては大事。

家族の形態って変わっていくもの。子どもが生まれて人数が増えたり、成長して食べる量が増えたり。かと思えば巣立って人数が減ることもあるし、私のように離婚してひとり暮らしになることもあります。そのときどきの生活に合わせて道具を変えることは、暮らしの中で感じるストレスを解消するいい方法なんじゃないかなぁと思うのです。

「富貴堂」の銅のコーヒーサーバーは、サイズが小さくコンロにかけると不安定なので、「楽天市場」で見つけたミニ五徳を敷いて使っています。

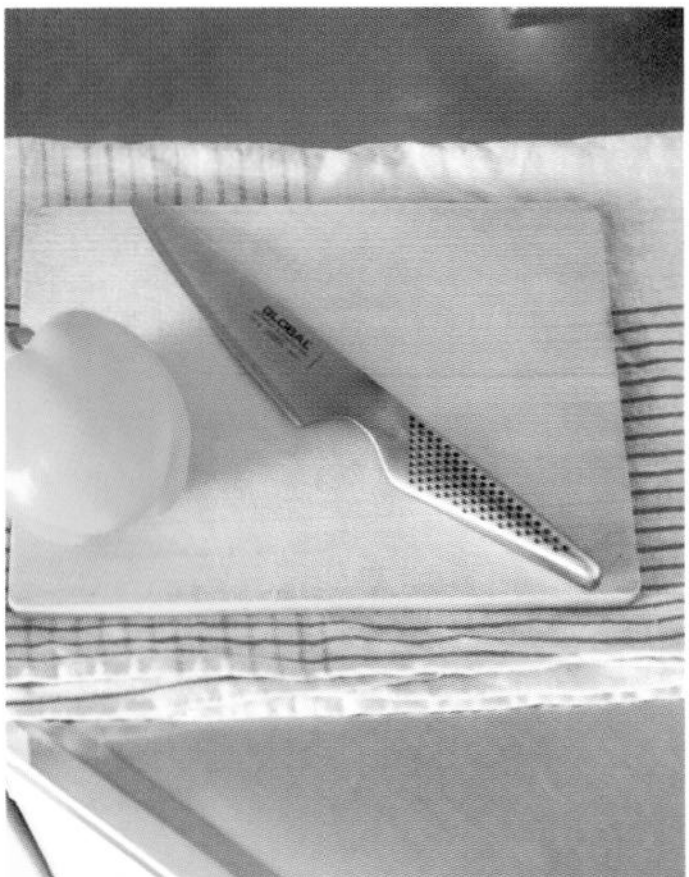

「無印良品」のまな板、「グローバル」のペティナイフ。今のわが家にはこれぐらいのサイズがちょうどいいんです。

「開けたときに心弾む引き出し」を目指して、厳選したキッチンツールを「無印良品」のケースに収納しました。

うつわを総入れ替えした話

うちに来たお客さまは、みな口を揃えて「食器が少ないですね」と言います。でも3年前までは5人分の食器であふれていたんです。息子たちはとっくに家を出て家族が減ったのに、なぜ5人分のまま?とあるとき気づき、見直すなら徹底的にやろう!と意を決して片づけることにしました。手順はこんな感じ。

①吊り戸棚に入れていたものをいったん全部出して並べる。
②今使うもの、使わないもの、迷ったものに分類する。
③使うものは戻す。使わないものは処分。
④必要かもしれないけど本当は使いたくないものはダンボール箱に入れて別の部屋に移し、それがなくても生活できるか実験してみる。

さて、結果はどうだったかというと……なんと8割ほどの食器を処分することになりました。当時は娘と二人暮らしでしたが、残りの2割で十分生活をまわせたのです。④でダンボール箱に入れたものも、実はなくてもまったく困らなかったという事実。今まで、いかに不要なものにスペースを占領されてきたのかと目が覚める思いでした。

さらに、残った2割さえも「好きじゃないものだった」ということに気づいてしまったんです。惰性で使い続けることはしたくないから、結局入れ替えることに。いっぺんにやると大変なので、必要なサイズや深さのうつわを把握しておき、1枚買っては1枚処分する、という作業を数か月かけてやりました。好きなうつわが少しずつ増えていくのは心が弾みます。

最終的に、よく使うお気に入りだけをシンク上の水切り棚に並べ、普段使いのうつわが取り出しやすくなりました。大きめのプレートや鉢は吊り戸棚の中に。うつわの数が減って、2段ある吊り戸棚は下の段にしか置くものがなくなり、上の段はほぼからっぽな状態になりました。

古道具の食器棚を買い足して、来客のためのコップや湯呑みはその中に。急須や鉢なども並べ、眺めても楽しいキッチンのアクセントになりました。

吊り戸棚の中はご覧のとおりスカスカです。最上段は手が届かないので、かごをひとつだけ。下の段にはどんぶりや鉢などを。シンク上の水切り棚にはよく使うお皿やカップを。

使うだけでなく飾って目でも楽しみたいうつわ用に、「道具屋ohyama」のネットショップで購入した古い食器棚。この上でお茶をいれたり、カウンターとしても活躍しています。

バラバラがいいんです

うつわ選びでこだわっていることは、来客用以外は〝揃いもの〟ではなく〝バラバラに〟すること。そのほうが日々いろんな組み合わせができるし、変化を楽しめます。料理を作って「さて、どのお皿を使おうか」と考える時間が楽しい。どれも気に入って選んだものだから、テーブルに並んだときバラバラでもなぜか統一感があります。ひとつひとつのうつわも可愛いけれど、並べるとさらに可愛い。娘には「なんでウチにはお揃いの食器がないの?」と不思議そうに聞かれたりもするけれど、このスタイルがいいんです。

うつわは、行きつけのお店というよりも、偶然の出合いで買うことが多いです。たとえばグーグルマップで検索して、行けそうな店に足を運んでみたら、普段使いにちょうどよい大きさや質感のお皿が揃っていたり。出先でふらりと入った路地裏に小さなショップがあり「何のお店かな?」と立ち寄ってみたら作家もののうつわがずらりと並んでいたり。そういえば、通りかかったのみの市でおじさんが売っていた鉢は使い勝手がよく、しょっちゅう出番があります。

「使い勝手がよくて可愛いうつわを探すぞ」と決めて、常にアンテナを立てていたからこそ、よい出合いに恵まれたのかもしれません。

ただし、必要なサイズ感はちゃんと頭に入れておくこと。そうじゃないと、ただの衝動買いになってしまうので。見た目や質感に惹《ひ》かれたとき、同時に「これは焼き魚やハンバーグに使えそう」とか「これなら小鉢としておかずを盛ってもいいし、ごはん茶わんにも使えるぞ」などと使い勝手が何パターンか想像できたら〝買い〟です。ひとつの用途だけじゃなく、あれにもこれにも、とフレキシブルに使い分けできると満足度が上がります。

飽き性だし、それほど料理が好きじゃない私だけど、毎日いろんなうつわをとっかえひっかえすることで、ごはん作りも楽しくできるようになりました。こんな小さなことが、日常をより豊かにしてくれるのです。

井山三希子さん、額賀章夫さん、遠藤素子さんなどのうつわ。なるべく白を中心に、
マットな質感のものを選ぶようにしています。

時にはお菓子用小皿、時にはカトラリーレストと、さまざまな使い方ができる木の小皿。「トリバザール」で購入。

キッチンツール立てをずっと探していて、京都の「分室カスタド」で形のよい壺に出合いました。

小さな鍋を火にかけるときにセットで使っている「富貴堂」のミニ五徳。「楽天市場」で比較してシンプルなものに決定。

塩を入れる容器はプラスチックじゃないほうがいいと探しまわり「AKOMEYA」で塩壺を発見。木のスプーンを入れて。

塩が壺なら砂糖も壺にしたい。ふたがコルクのものを「楽天市場」で購入。貝のスプーンは「ババグーリ」のもの。

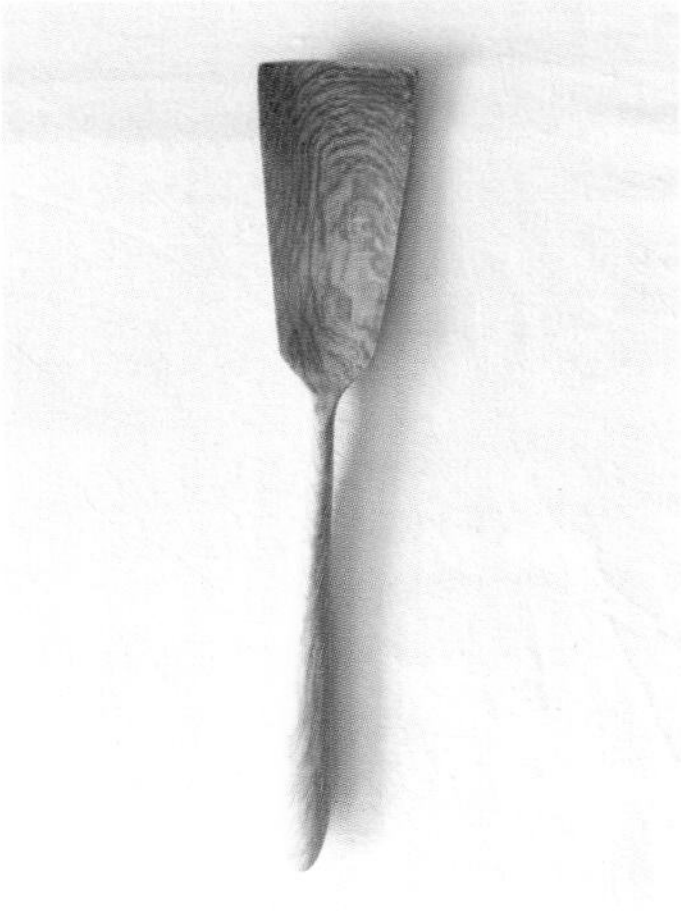

鎌倉で足を運んだ雑貨店「夏椿」。何か記念になるものをと、カシの木杓子を買いました。鍋底に添う形ですくいやすい。

このガラスの醤油差し、本当に垂れなくて使いやすいのですが、残念なことに購入先を覚えておらず。

ざるはこの2つだけ。切った野菜を入れたり、ゆで野菜の水切りをしたり。ひとりなので小さなサイズで間に合います。

お茶飲みの相棒

暮らしの中で「これは私の相棒！」と思えるものって、案外少ない気がします。条件を考えるとすると、1・デザインが好きすぎる、2・使い勝手がいい、3・使用頻度が高い、4・ずっと使い続けたいと思える、といったところでしょうか。1がマルでも2がバツなものもあるし、3がマルだとしても長持ちしなくて4がバツになってしまったり……。そんな中、間違いなく相棒と言えるものがあります。それは「やかん」です。

「道具は小さくてもいい」と92ページで書いたけれど、やかんだけは別！というのも、私は昔から自他ともに認める〝お茶飲み〟なのです。お茶飲みとは何か。それは1日2リットル以上もお茶を飲む人のことです（私が勝手に決めた基準なのであしからず）。とにかく季節を問わず一年中、水分をガブガブ摂取せずにはいられない。だから毎日のようにお茶を沸かすのですが、一般に売られているやかんの容量は2リットルが多いんです。とくに夏場は2リットルだと足りなくて、1日2回沸かすことになり、とても面倒くさい。大きめのやかんを探してみても、ドラマに出てくる野球部の部活で使うような古めかしいデザインのものしか見つからず、長年不便な思いをしてきました。

運命の日はふいに訪れました。2020年の年末、東京・清澄白河にある「ヨーガンレール／ババグーリ清澄本店」にふらりと入ったら、棚に素敵な佇《たたず》まいのやかんが並んでいるではありませんか。本体は銅でできていて、手でなぞると叩いた跡がくぼんでいて、丁寧な手仕事で作られたことが伝わってきます。ずんぐりした丸い形といい、ふたの丸いツマミといい、持ち手が木であることといい、見れば見るほど好きになってしまいました。しかもサイズが大きい！　なんと4リットル沸かせるらしい。これなら何度も沸かさずにすみそうです。

「これは買うでしょう！」と張り切ったものの、値段を見て一気に引いてしまいました。なんと4万円近くするんです。やかんに4万円……。とても衝動買いはできない。無念な気持ちを抱えたまま京都に帰りました。

そのまま年を越して2021年。三が日の間、ずっと悩みました。今まで生活雑貨にそこまでお金をかけたことはありません。だけど、部屋を片づけるときに改めて身のまわりのものを見直して「これから買うものは心から好きと思えるものだけにしよう」と決意したはず。妥協はしたくない。欲しいものがあったら、細かくリサーチしたうえでそのジャンルの中で一番いいと思えたものを、値段にかかわらず買うんだ！

1月4日。京都のババグーリのオープン日を調べて突進しました。1階にある洋服には目もくれず、生活雑貨が並ぶ2階へ急ぎ、息せき切って「銅のやかんはありますか！」と聞いた私のことを、スタッフさんはどう思ったでしょう。店頭には見当たらず、倉庫から出してきてもらい、ほくほく顔で抱えて帰った日のことを今でも忘れられません。

銅のやかんはお湯が沸くのがとても早い。おかげで3リットルを一気に沸かせるようになり、1日1回ですむようになりました。

心配したお手入れはそんなに神経質にならなくても大丈夫でした。普通に食器用洗剤で洗って乾かすだけ。たまに水分が残っていて緑青《ろくしょう》が出てしまっても、軽く拭けば取れます。毎日使ううちに色が濃くなり、どんどん味が出てくるのも愛《いと》おしい。お水を入れて点火してお茶っ葉を入れて、最後にふたを閉めると「カラン」と独特の音がするのも心地いい。この銅のやかんは、間違いなくわが家で一番の相棒です。

毎朝お茶を沸かす景色を見るたびに“日常の幸せ”を実感。高かったけど、いい道具はお値段以上の価値があると教えてくれました。

スーパーで袋売りしている麦茶を常備。やかんにパックを入れて煮出したあと、冷ましてポットに移し替えて冷蔵庫へ。ポットも3リットル入りのものを探しました。

ひとり暮らしのごはん問題

ひとり暮らしのみなさんにお尋ねしたい。お米を炊くのって、どうしていますか？ うちでお米を炊くために長く使っていたのは、5合炊きの炊飯器。4人家族のときはそれでちょうどよかったんです。でも娘と二人になったら、せいぜい1合しか炊かないし、ともするとそれすら余らせてしまうことに。しかも5合炊きの炊飯器で1合のお米を炊くと、お釜の底にべた〜っと張り付いた姿がおいしくなさそうで、なんだかお米に申し訳なくなってしまいます。長年働いてくれたのに邪険にして申し訳ないけれど、狭いキッチンにどーんと大きな炊飯器が置いてあるのも、どうにも目障りで。

そこで炊飯器の代わりになりそうなアイテムをあれこれ探しました。レンジでお米を炊く土鍋。1合炊きのミニサイズの電気炊飯器。私が下手すぎるのかもしれないけど、どれを使ってもおいしく炊けません。お米を少量炊くのって難しい！ もう失敗したくないなぁと思っていたときに出合ったのが、作家さん手作りの1合炊きの炊飯土鍋でした。

きっかけは雑誌の取材です。岡山でうつわ作りをされている正島克哉《しょうじまかつや》さんのご自宅兼ギャラリーを訪ねることになりました。テーマは愛用のキッチン道具。長く使われてきた玉子焼き器や、作品でもある片手土鍋、平パンなどなど。どれも大切に使われていて、ものにまつわるエピソードもおもしろく、好きな道具を使う愉《たの》しさが伝わってきました。撮影のために調理していただいた玉子焼きや味噌汁、そして炊きたてのごはんを食べさせてもらい、なんておいしいの！と感動。

実を言うと、打ち合わせの段階で写真を拝見したときから正島さんの作られた3合炊きの炊飯土鍋が気になっていたんです。まるっとした可愛いフォルムに帽子のような木ぶたがついていて、その姿形からして魅力的。これがキッチンに置いてあったら素敵だろうなぁ。

「ギャラリーの作品を見てもいいですか？」と聞くと、快く案内してくださいました。すると、3合炊きの土鍋の脇に、ちょこんと小さな1合炊きの土鍋があるではありませんか。なんて愛らしいの……！

1合炊きにするか3合炊きにするかは迷いました。そのときは炊飯器を処分して、完全に土鍋生活をするつもりだったので……。本当に1合炊きで大丈夫？　息子たちが帰ってきたときはどうするの？　そこで出した答えは、ふだん用にはこの1合炊きの土鍋を使い、炊飯器は必要なときのために戸棚にしまっておく、という折衷案でした。かくしてミニサイズの炊飯土鍋がわが家にやってきたのです。

使い方は正島さんの奥さまに教えてもらいました。最初の使い始めは、薄いおかゆを炊いて目止めすることで土鍋の細かい穴が埋まり、水漏れ防止になること。お米は炊く前に30分ほど水に浸し、その後ざるに上げて水を切り、1合につき200ミリリットルのお水で炊くこと。鍋を火にかけたら最初は強火で、吹いてきたら弱火にして10分。火を止めてふたをしたまま10分蒸らすこと。実際にやってみたら、最初はお米が硬すぎたりやわらかすぎたりとうまくいきませんでした。そうだ、わが家は無洗米だった。そこで水の量を調節したり、火加減や蒸らし時間を変えてみたり微調整を繰り返して、ようやくコツをつかんでおいしいごはんを炊けるようになりました。

炊飯土鍋のいいところは、食卓が華やぐこと。まだ娘がいたころは、ごはんが炊けるとテーブルに運び、ふたを開けるときに、

「じゃーん！」
「わぁ、おいしそう！」
なんて盛り上がったものです。日常のごはんが毎回イベントみたいになる。とってもいい香りの湯気をたててツヤツヤに炊き上がったごはんを見るとテンションが上がります。漬物にたらこを切ったのに玉子焼きに味噌汁だけで、もうご馳走。足りなそうなら買ってきたコロッケでも添えればOK。ごはんがおいしいって幸せです。炊飯器の1合は余らせても、土鍋のごはんだと二人でペロリと完食でした。

正直、ひとり暮らしになった今では、すっかり食事が手抜きになり、炊飯土鍋の出番は減りました。戸棚にしまってあった炊飯器で3合をまとめ炊きして小分けにして冷凍しておけば、食べるときはレンジでチン！ですみます。

でもだからこそ、ときどき炊飯土鍋でごはんを炊くことが贅沢に感じるのです。自分だけのために土鍋でごはんを炊く。それならちゃんと味噌汁も作って、魚でも焼こうかなと手をかけたくなります。ごはんどきになると「面倒くさい」という気持ちと「おいしいごはんが食べたい」という気持ちを天秤にかけながら、日々キッチンに立っています。

最初は「土鍋って難しそう」と思っていたけれど、何度か試すうちにコツがわかって慣れていくものですね。今日もおいしく炊けました。

火にかけるときはスマホのタイマーを使っています。吹きこぼれたら、禁じ手だけどちょっと木ぶたをずらして蒸気を逃がしちゃう。

手抜きのときも多いけど、やっぱり自分で作ったごはんは落ち着きます。
「D&DEPARTMENT」のお盆はおひとりさまごはんにピッタリ。

せいろ生活始めました

以前から気にはなっていたんです。だけど、なんとなくハードルが高い気がして買うには至らないまま何十年も経ってしまい――それが「せいろ」でした。絶対にないと不便という道具でもなく、お値段もピンからキリまであってどれを選んだらいいかわからない。使いこなせたら料理の幅が広がりそうと思いつつ、手が出せないままでした。

ところが先日、よく足を運ぶお気に入りの雑貨店「TODAY'S SPECIAL」でふと目に留まりました。2段のせいろとふた、そして小鍋のセット。そのまま持ち帰ればすぐに使えそう！　今までそのショップでは目にしたことがなかったのに（置いてあったのに視界に入っていなかったのかも）、目に飛び込んできたのは何かの縁。「今だ！」という気がして、ようやく買うことができたのでした。

そもそもせいろって、どんな使い方をすればいいんだろう？　それすらわからなくて検索するところから始めました。いくつかのサイトをざっと見て、ポイントがあることを把握。書いてあるとおりに真似してやってみることに。ところが実は調べ方が足りなかったことがのちにわかるのですが……。

まず、せいろは使う前に水を通して濡らしておく。2段の場合、上には汁が出ないものを入れる。肉や魚を入れる場合はキッチンペーパーやキャベツなどの葉物野菜を下に敷くと汚れない。火の通りにくい根菜は薄めに切る、などなど。

よし。冷蔵庫にあるもので何ができるかな。じゃがいもとさつまいもは薄く切って、ひとくち大にカットした鶏もも肉の下にはキャベツを敷いて。アスパラものせちゃおう。上の段にはキャベツの残りとナスを縦4分の1に切ったやつを入れて、あとは火にかけるだけ。小鍋にお湯を沸かして2段のせいろをのせると、ほどなくしゅんしゅんと湯気が立ちあがり、キッチンがなんともいい風景になりました。これこれ、これがやりたかった～。時間を計るのを忘れてしまい、10分ほど経ってからふたをずらしてチラリと覗《のぞ》いたら、なすがいい色をしています。うん、よさそう！　いそいそとテーブルに運んで、いざオープン。もわっと湯気が上がり、野菜も肉もいい表情。さっそく箸を取り、まずはアスパラに塩をつけてパクリ。うん、おいしい！　じゃがいもはホクホクで、なすはトロトロ。ポン酢と塩の両方を行ったり来たりして堪能しました。

電子レンジとの違いは、汁が下の鍋に落ちること。だから余分な油分もカットされてヘルシーに食べられます。汁がないから、よりホクホクに仕上がるのかな。思ったよりずっと簡単だし、これなら毎日でも食べたい！　たちまちお気に入りに昇格されたのでした。


せいろ作戦は大成功！　だけど、使ったあとのお手入れ方法が問題でした。そんなに汚れていなかったので普通にスポンジでこすって水で流したけど、そもそもせいろは水に濡らさないほうがいいという説があることがあとでわかったのです。せいろは使うときにクッキングシートを必ず敷いて、使用後はふきんで拭くだけで乾燥させるのがいいとか……。え、でも最初に水で濡らすって何かのサイトに書いてなかったっけ？

そこで、せいろ使いの先輩方に聞いてみることにしました。まずはライター時代によく取材させてもらったまどかさん。せいろでおまんじゅうを蒸してくれたり、茶わん蒸しをプルプルに仕上げたり、もち米入りのごはんをホカホカにあたためてくれたりと、私からすればせいろに関してはもはや達人の域です。まどかさ〜ん、お手入れどうしてますか？

「使ったあとは洗剤を使わずにお湯で流して、しっかり乾燥させてから通気性のよい棚に置き、ディスプレイしながら保管してますよ。汚れがひどいときは、塩を多めに振って洗ってます。そして洗ったあとはしっかり乾かす！　スペシャルケアはそれぐらいで、しっかり乾かせばズボラな私でもうまく付き合えてるので、適当で大丈夫！」

おお、なんとも心強いお返事が。濡らしちゃダメだったかなという杞憂《きゆう》が解消されました。もうひとりはこちらも料理好きのめぐみさん。

「私は使ったあと軽く洗うか、たわしでこすってます。洗剤はなしで。しっかり乾かすことが大切だと聞きましたよ〜。この使い方で3年ぐらい使ってますけど、カビが生えたことはありません」

ネットの情報より、実際に使っている方の体験談ほど心強いものはありません。水で濡らしてもいいことがわかってホッと胸をなでおろしました。やはり洗剤を使わないことと乾燥がポイントだと心にメモ。たまに天日干しして大切に使い続けよう。

次は何を蒸して食べようか、考えるだけで幸せな気分になれる。せいろって、なぜだかちょっと特別な道具のように思います。

冷蔵庫にある野菜を蒸しただけなのに、ごちそうに見えるのがせいろのすごいところ。豚まんもせいろで蒸すとおいしさ倍増。

使ったあとはベランダの椅子の上で陰干しを。こうするとすみずみまでカラッと乾いて、カビの心配はなさそう。

大好きな木の洗濯物干し

「誕生日プレゼント、なんか欲しいものある？」

娘がこう聞いてくれたのは、私が54歳になる少し前のことでした。わが家では子から親へと改まってプレゼントを贈るという習慣がなく、たまに気まぐれにサプライズがあるという具合でした。だから誕生日にリクエストを聞いてくれるなんて珍しいこと。うれしくなって「待って待って、ちょっと考えるから」といそいそと検索を始めました。

えーっと、いま何が欲しいんやっけ？　長く使えそうなお鍋は高い。よく切れる包丁もいいけど、プレゼントっていう感じじゃないし。そのときは、窓辺のカーテンレールにぶら下がった洗濯物を見て、ひらめきました。

「木の洗濯物干しがほしい！」

よく雑誌で見かけていた木製の折りたたみ式洗濯物干し。ナチュラルな木目が目に優しくて、窓辺に置いてあるだけで生活感あふれる洗濯物がちょっとだけ絵になるはず。必要以上にものを増やさないように気をつけているわが家でも、これなら「愛《め》でながら使う道具」になりうるはず。使わないときは折りたたんでしまえるのもナイス。商品のリンクを娘に送って「これでお願い」と頼んだのでした。

かくしてわが家へやってきたのが、ポーランドのメーカー「ビエルタ」のクロスドライヤーという商品です。天然ビーチウッドという素材で、白木の風合いとクロスに組まれたデザインがスタイリッシュ。届いた日は誕生日とは関係ない日でしたが、そんな細かいことにはこだわりません。待ちきれずにさっそく組み立ててみたらちょっとコツが必要で、不器用な私は「あれ？　どうやるんやろう」とブツブツ。娘に助けてもらって、ようやく組み立てることができました。一度要領さえつかめば使い方はわかりました。

「おおお～」

親子二人で思わず声が出ました。写真で見るより実物のほうが可愛い！

「やった～、ありがとう！」と喜ぶ私に、照れ屋の娘もうれしそうな表情をしています。

それから雨の日が待ち遠しかったこと。念願の雨降りの日にようやく干せたときは写真を撮りまくりました。うんうん、絵になる。同じタオルでも、ベランダのステンレスの物干しざおに干したときより何倍も可愛く見えます。そんなにたくさんは干せないけれど、二人分ぐらいならちょうどいいサイズです。

晴れの日はベランダで枕やクッションを干すのに役立ちます。ポカポカと太陽の日差しを浴びて気持ちよさそうな枕を眺めているだけで、なんとも幸せな気持ちになります。たかが物干しでしょう？とあなどることなかれ。お気に入りの道具が視界に入ることが、いかにハッピーな気持ちを生み出していることか。もちろん〝娘が買ってくれたプレゼント〟という特別な思いも加味されていますけどね。

ひとつだけ注意点が。天然の木なので、濡れた洗濯物が直接触れるとそのうちカビが発生しそう。なのであらかじめ防カビスプレー材を取り寄せてたっぷり染み込ませました。おかげで1年経った今でも、カビが生えることなくきれいなまま使えています。

これ、インスタグラムに投稿する写真に写り込むたびに「どこで買えますか？」と毎回質問が届きます。「私も買いました！」とメッセージをもらったり、ほんと、いいものを選んだなとニマニマ。いそいそと出して使っている私を見て娘は言いました。

「えらい気に入ってるやん」

ちょっと得意げなその顔を見るのが私のひそかな楽しみでもありました。「そやろ」と私も得意げに答えたものです。

以前はたたんで押入れに収納し、使うたびに出していました。娘が独立して部屋が広く使えるようになってからは、部屋の隅に出しっぱなしにしてブランケット掛けにしています。グリーンの鉢と並べると和室のナチュラル度もぐっとアップして、雰囲気づくりにひと役買ってくれています。

天気が悪い日は部屋干し用ハンガーとして使用。軽くてどこにでも持ち運びできるし、インテリアの邪魔をしないのもうれしい。

晴れた日はベランダで布団やラグを干して、ついでに枕やクッションもお日様に当てます。ただの枕が可愛く見えるから不思議。

4章
気持ちのよい地点を探す

部屋の仕切りとして使っているのは、
韓国の布、ポジャギ。
パッチワークで透け感がありつつ空間を分けてくれます。
オンラインショップ「ハンテ」で購入。

ひとりは寂しいか、そうじゃないか

つい先日、インスタグラムに1枚の写真を投稿しました。その日撮った部屋の写真にこんな手書きスタンプを添えて。

「今日誰ともしゃべってない」

するとⅠ通のメッセージが届きました。

「しょーこさん。そんな日々が続くときの寂しさは、自分の中でどうやって解消されていますか？　あ、勝手に寂しいと決めつけてはダメですよね」

そこでハッとしました。そうか、誰ともしゃべっていないと「寂しい」と思う人もいるんだ！　私はひとりでいて寂しいと思ったことがほとんどなかったので、ちょっとびっくりしました。50歳を超えてひとり暮らしをしている私が〝寂しい人〟と見られているようで、しょうもない小さなプライドが少し傷つけられた気がして、とっさにこう返してしまいました。

「そうなんですー。私ひとりが寂しいとはぜんぜん思わなくて。好きなことを延々としているので基本楽しいです！　むしろ人といるほうが気をつかうタイプなので、人と会うのはたまにでいいです」

あっ、やってしまった。これでは寂しいと感じることを否定しているようではないか。「私はぜんぜん寂しくないよ！」と言いたいがために、イヤな返し方をしてしまった……。

「あ、ご質問のことなんも解決できていない回答でごめんなさい」とあわてて追記したけれど、モヤモヤしてしまいました。もうちょっと相手の方に寄り添った答え方はなかったのか。でもなかなかいい考えが思いつきません。そこでフォロワーさんに聞いてみることにしました。一連の流れをシェアして「みんなは寂しいときにどうしてる？　解消法を教えて！」とアイデアを募ったのです。

すると、たくさんの回答がありました。断捨離する、思いっきり歌う、好きな映画やドラマを観る——。みんなそれぞれ、解消法を持ってるんだなぁ。中でも私がいいなと思ったのはこちらでした。

「心と体が疲れていると寂しさに落ち込みやすいので、ひたすら寝ます」

うんうん。そういえば、思っている以上に体調と気分はリンクしていると、何かで読んだことがありました。疲れているなら、まずは休むのが理にかなっていそうです。

「寂しい気持ちをスルーしようとしないで、そうか〜、私寂しいんだ、と感じてあげる」

確かにそうです。〝寂しいからダメ〟とジャッジしてしまうことが苦しみを生んでいる。まずは自分の感情を受け入れて感じきると、寂しさが徐々に消えていくのかもしれません。

「運動に限る。確実に寂しさが吹っ飛ぶ。体内の何かが変化します」

おおお、これは効きそう！　さっきの「寝る」と同じく、体と心はリンクしているので。そして手っ取り早く結果が出そうです。

「推しを推しまくる！」

私も経験ある〜！　推しを中心とした生活って、想像以上に生活にハリが出ます。何かに夢中になる楽しさや仲間ができるうれしさも味わえるはず。

「新しいことを始めます。離婚してからダイビングを始めて、今めっちゃハマってます♡」

これもいい。私もダンスを始めてから人生の楽しみが広がったし、新しいことを始める緊張感やドキドキがいい刺激になります。

そして真実を突いているんじゃないかと思ったのが、このひとこと。

「寂しいときは暇なんだと思って、たまっていることに手を付けます」

ちょっとドキッ！「寂しいときは暇」とは名言かもしれません。暇という表現はちょっと厳しめだけど、確かに仕事や子育てで忙しい時期って余計なことを考えなかったな。でも逆に捉えると、頭の中の暇を何か夢中になれることで埋められたら解消されるはず。対処法がわかれば案外簡単なように思えてきます。

まとめるとこんな感じでしょうか。まずは疲れているなら体を休める。寂しいという感情を否定せず、向き合って受け入れていく。泣いてもいい。そうして自分を癒やしたうえで、運動したり推しを作ったり、新しいことを始めて〝暇の隙間〟をどんどん埋めていく。

そういえば、私も娘が出て行ったあとしばらくは、娘が残していったお菓子の空き袋を見ても泣いていました。「私はひとりでも大丈夫だから寂しくならない」なんて思っていたけれど、そんなことはありませんでした。そこで私がやったのは、娘の部屋だった場所をガラッと模様替えすること。インテリアのことを考えている時間が一番ワクワクするので、これはとても効果的でした。

この回答を相談者の方にシェアしたところ、「まるで友だちに相談にのってもらっているみたいでうれしかったです」とお返事をくださいました。ひとりが寂しいか寂しくないかはどっちでもよくて、「そのときにどう対応するか」が大事だなと思った出来事でした。

模様替えには人生を動かす力がある

約16年間も部屋を片づけず、散らかし放題でも気にならなかった私。それなのに部屋を片づけて以来、それまで何もしなかった反動のように、しょっちゅう模様替えをするようになりました。気まぐれだから頻度は決まっていないけど、「あ！」と思い立ったらすぐに家具を動かしてしまう。むしろその場ですぐに動かさないと気がすまない。小さな棚や軽いテーブルだけでなく、いきなりベッドまでズルズル引きずってしまうのだから、我ながら「何やってんだろ？」と笑ってしまいます。

少しテーブルの位置を動かしただけでも、部屋の様子ってけっこう変化して見えるんです。いつもとは違った眺めになると新鮮な気分になるし、家具を動かしたあとのほこりも掃除できるしで一石二鳥です。

気分転換にやっていた模様替えですが、ある日、気分が変わるだけではなく、現実の物事にも影響があるんじゃないか？と気づきました。たとえばテーブルと食器棚の位置を入れ替えたときに新しいお仕事の話をいただいたり、ベッドを動かしたときに仕事面で伴走してくれるビジネスパートナーとの出会いがあったり――。ただの偶然と捉えたらそうかもしれないけれど、私はどんな小さな物事もすべて影響を及ぼし合ってつながっていると考えるほうがしっくりきます。

考えてみれば、何かを動かすことは、何かを変えるということ。たとえ花びんの位置を入れ替えただけだとしても、確実にモノは動いているわけです。そして、動かす前には「動かしたい」という欲求が心に生まれたということ。心のアンテナを頭がキャッチして、行動に移している。模様替えは「何かを変えたい」と心の底で感じているときにしたくなるものじゃないだろうか、と思うのです。そしてその気持ちが人生の流れに影響を与え、何かしらの変化が生まれる――。

人間って、何かを変えることに、本能的に恐怖や不安を覚える動物だと聞いたことがあります。本当は安定した場所から動きたくない。同じお湯に浸かっていたい。だけど「変えたい」という欲求のほうが強いと、ぬるま湯が物足りなくなって勇気を出して行動します。そんなに大それたことではなくて、花びんを動かすぐらいなら。テーブルを移動させ

パレットベッドの上にマットレスを敷いてベッドにしています。
パレットベッドは「楽天市場」で見つけたもの。

るぐらいなら。部屋のことだけじゃなく、急に髪の色を変えたくなったり、いつもは選ばない洋服を買っちゃうなんてこともありますよね。

部屋もファッションもイメージチェンジは同じ。小さな行動が波を起こしてどんどん大きな波になり、変化は目に見えて起こり始めます。するとまわりも変化をキャッチして反応するので、影響を受けるんじゃないかなぁ。

今まで目の前にあったけど気づかなかった情報をキャッチできたり、そこから新しい出会いが起きたり。その連続の延長線上に、いつの間にか仕事も住む場所もガラッと違う環境にいたなんてことが起きてしまう可能性だって大いにあります。つまり世界をワープしちゃうのです。

そのことに気づいてから、家具を移動することが増えました。そしてやっぱり、動かすと確実に何かが変わる。新しい情報も入ってくるし、出会う人も変わる。その連続で、私の人生は常に変化し続けています。これからもワープできたらうれしいなと、何が起こるか未知の世界にワクワクしているところ。

そういえば、ものを動かさなかった16年間は、振り返ってみればやはり同じ日常、同じ事柄を繰り返していました。「そこから出たら死んじゃうかも？」と恐怖すら覚えていたほど。でも、引き出し1個の片づけが私の人生をガラッと変え、いつしか恐怖がワクワクに変わったように、小さなアクションが人生を動かす可能性は誰にでもあると思うのです。模様替えには人生を動かす力があります。

いいと悪いの間でユラユラしていたい

突然ですが、占いはお好きですか？　私は子どものころから星占いが好きで、よく『マイバースデイ』という占いの雑誌を買っては楽しく読んでいました。今も雑誌の巻末にある○○占いみたいなのにはよく目を通すし、過去に失恋しそうになったときは、街のあやしげな占い屋さんに足を運んで話を聞いてもらい、涙を流してスッキリしたりもしました。朝のテレビ番組でも星占いコーナーがあったりするし、神社に行けばおみくじを引いて一喜一憂するし、私たちの暮らしには占いってカジュアルに存在しているなぁと感じます（占いの話がしたいわけじゃなく、本題は別のところにあるのですが、もう少し占いの話にお付き合いください）。

だけど占いの結果に対するスタンスって、人それぞれですよね。非科学的と見る人もいるけれど、私は依存しない程度に楽しめばいいと思う派。占星術は古くから積み重ねられてきたデータを整理した統計学だというのが私の捉え方で、ざっくりした流れみたいなのは合ってるなと感じることが多いし、うまく取り入れれば生活に活かすこともできるのかもしれません。面倒くさがりの私は活かすところまでいっていなくて、結果だけを見て「あ〜、ほんとだ、当たってるわ」と、ひとつのエンターテインメントとして楽しんでいるけれど。

占い好きの人であれば〝推しの占い師さん〟みたいな人がいるかもしれません。ビシビシと厳しめの進言をしてくれる人が好きとか、寄り添って励ましてくれる系の人に勇気をもらえるとか。私が好きなのは石井ゆかりさんという方で、文章力がすばらしく、まるで物語を読んでいるかのよう。それもそのはず、占い師とともに文筆家としても活躍されていらっしゃるのです。なぜ石井さんが好きかというと、文章力はもとより、人としての立ち位置というか〝あり方〟が素敵なんです。

占いだから、客観的に見て「運がいい時期・悪い時期」というのが存在するのが前提だと思うのですが、石井さんの場合、起きる出来事にあまり〝いい・悪い〟というジャッジをしていなくて、視点がフラット。その週や月に起きそうな流れは書いてあるけれど、読むと気持ちが明るくなることが多いんです。優しく「一見、星の位置が悪いように見えることもあるけれど、こっちの視点から見るとこうだよ」と教えてくれている気がして。

考えてみればそうです。どんな物事も、見る視点によっては真逆に捉えることができるはず。よくあるたとえでは「ここに真ん中まで水が入ったコップがあります。〝まだ半分もある〟と見るか〝もう半分しかない〟と見るか、どちらですか?」という質問。「まだ半分もあるじゃん」と思えたら気持ちに余裕が持てるけど、「もう半分しかない!」と考えるとたんに焦ってしまいますよね。

性格もそうで、私の「ズボラ」だって逆から見ると「おおらか」とも言えるし、比較的長所だと思っている真面目なところも「融通がきかない」と言われたりもするんです。その視点で出来事を見てみると、今まで「よくない」と思っていたことが実はそうじゃなかった!という、世界がひっくり返るような捉え方ができておもしろい。

たとえば私の場合だったら、40歳で3人の子どもを抱えて離婚。「大変ですよね」と言われることだけど、それが逆にライター業を本格的にがんばるきっかけになりました。持ち家を競売にかけられて追い出されたときは、「この世の終わりじゃない?」と絶望したけれど、その後大好きだと思える賃貸の部屋に出合えた。ライターとして稼げなくなり、お金がなくなったことも人生の中では大ピンチだったけど、そのおかげで本気で何をしていくべきかを考えることができました。一見「人生終わった！」と絶望するような出来事も、あとから振り返ればその後の人生にとって必要な糧となっているのです。

単純かもしれないけど、そう考えると「人生にいいも悪いもないな」と思うのです。もちろん、何かいやなことが起きたり思いどおりにならない出来事があったりすると、焦ったりあわてたりはします。だけどちょっと冷静になってフラットな視点を取り戻せたら、「今の自分に必要だから起きてるんだな」と捉えることでずいぶん気持ちが楽になります。「いいことだけに目を向けよう」という考え方もあるけれど、ずっとポジティブでいるのって、しんどい。人間ですもん。逆に「悪いことを避けたい！」と強く思いすぎると、変に焦ってやりたくないことをやろうとしてみたり、お金に走ったりしてしまうのかもしれません。〝いい〟と〝悪い〟のちょうど真ん中をユラユラするぐらいがちょうどいい。太陽は昇り、月や星は動くのと同じ。いいも悪いも手放して流れに身を任せてみるのもひとつの方法じゃないかなと思います。

さて、今週の占いはどんなのかな？

スウェットパンツをはくようになった話

きっかけは、ヒップホップダンスを始めたことでした。それまで好きなファッションのスタイルは、ダントツにワンピースが一番。産後以降ずっと太り続けた体をうまくごまかしてくれる救世主はワンピースだったから、色やデザイン違いで何枚も揃えていました。そうじゃなくても、スカートにトップスを合わせることが多く、パンツスタイルはほぼしていませんでした。ところが急な思いつきでヒップホップダンスを始めることになり、スウェットパンツが必要だよね！とあわてるところから始まったのです。

とりあえずユニクロとGUに駆け込み、ごく普通のスウェットパンツと安いスニーカーを買いました。Tシャツは家にあったもので。最初からキメキメにして乗り込むのも気恥ずかしいし、「初心者なんで、お手やわらかにお願いします」という空気を醸《かも》したかったのです。

ちょっとここで説明しておくと、私が通うのは40代以上が対象のダンス教室。先生は30

週1回のダンスの日はうれしくもあり、うまく踊れるかちょっぴりの緊張もあり。
でも「何着て行こうかな？」と考えるのはいつも楽しい！

代ですが、自身が通っていた教室に40代以上の人が入ってきても、まわりが若い人ばかりだと居づらかったり、ついていけなくなったりしてやめてしまうことに気づき、それなら自分がやろう！と思いきって立ち上げた教室なんだそう。最初は生徒さんがなかなか集まらず、サクラとして先生のお母さんや叔母さんが参加していたのですが、その二人がすっかりダンスに目覚めて今でも楽しく続けているんです。先生もカッコイイのですが、キャサリン（お母さん）もみどりさん（叔母さん）もダンスがうまくてカッコイイ。〝教室なんて自分には開けない〟と思い込んでいた先生の背中を押したのがキャサリンだったという話も素敵！

さて、そんな素敵な教室とはつゆ知らず、緊張して訪れた初日。8人ほどの参加者は、なんと皆私と同じ初心者というではありませんか。格好もなんとなくTシャツにジャージーとかスウェットで、ヒップホップっぽい雰囲気がみじんもないのも私と同じ。そして年代も同じぐらいということで、どれだけ安心したことか。

こうして始まったダンス教室ですが、月日が経つと少しずつ慣れてくるし、メンバー同士も仲良くなってきます。先生が雰囲気づくりを大切にされていて、全員をあだ名で呼んでくれるのも垣根がはずれたきっかけになりました。そうして週1回通うことに慣れ、踊ることに慣れてくると、だんだん欲が出てくるものです。

「先生みたいにカッコよくなりたい！」

踊りはもちろんすぐには無理ですが、格好なら近づけることができます。年代が高めとはいえ、ダンスをしようというぐらいのメンバーですから、みんな新しいものが好き。

「このTシャツはどこの？」

「キャップはどこで買えるの？」

互いに情報交換し合って、少しずつファッションも変わっていきました。私もみんなの情報を頼りに、足を踏み入れたことのなかったスポーツショップやアウトドアショップに足を運んだり、ネットで検索したりして、よりカッコよくなれるスタイルを試すようになったのです。

昔から頭が大きいのがコンプレックスだった私。キャップやニット帽なんて一生かぶることもないし、まったく似合わないと思っていました。だけど発表会に出ることになり、みんなでおそろいにしようということで開き直ってかぶってみたら、「しょーちゃん、似合う！」とみんなが口々にほめてくれるではありませんか。気をつかってくれてるのかな？

とも思いつつ、自分でもなんだか似合う気がしてくるから不思議。いつの間にか、普段着にもスウェットパンツやキャップなどのカジュアルな格好を自然と取り入れるようになりました。

まさか50歳を超えてから、ファッションの好みが変わるなんて思ってもみなかった。そして自分が「似合わない」と思っていたのが、いかに〝単なる思い込み〟にすぎなかったかをしみじみ実感しています。おかげで今、下手なりにダンスがとっても楽しいし、おしゃれの幅も広がっていいことずくめでした。

ちなみにダンス仲間とは今では一緒にお泊まり忘年会を開いたり、練習後に銭湯に行くほど仲良くなっています。「別に友だちはいらないかも」という思い込みも、いい意味ではずれたみたいです。もしかして自分だけの思い込みって、ほかにもたくさんあるのかもしれません。その枠をはずすのは〝経験〟という実験。どんどん実験して枠をはずしていけたらいいなと思っています。

キャップの魅力に気づいたとたん、どんどん増えていく〜。そこでディスプレイに使っていた木の古い鉢にまとめたら、いい感じに。

アップダウンはあってもニュートラルに戻る

あまり過去のことは覚えていない私ですが、中学生のころ「なんで私はこんなに落ち込むんだろう?」というのが悩みだったことはなぜかよく覚えています。たぶん「友だちに言わなくていいこと言っちゃった」とか「テストの点が悪くて恥ずかしい」とか「なんで私は可愛くないんだろう」なんて悩みだったような。

そのころから50代の最近になるまで、常に〝悩みにフォーカスする人生〟だったなぁと思うのです。もともと人間の脳は自分の身を守るためにネガティブなことに気を向けやすくなっていると聞いてナルホドと納得。さらに脳は一度に限られた情報しか処理できないため、スポットライトを当てたところ以外の情報が見えなくなるとのこと。そりゃあ悩みにフォーカスしていたら、しょっちゅう落ち込むわけです。

そして悩みにフォーカスすると、どんどんその悩みが深く広がっていきます。本当は悩みをなくしたいから考えているはずなのに、考えれば考えるほど深みにはまっていく。しかも考え続けることでそれが解決するかといえば、そんなことはないんです。同じ場所をぐるぐる回っているだけ。

そこで最近意識しているのは、「ぐるぐるしてるな」となるべく客観的に気づくこと。無意識だからハマるのであって、そこに気づけると「ハッ！　またやってた」と思えます。気づいたら浮上することを無理強いせず、落ち込む気持ちがあれば「人間だからしょうがないよね」と思うことにします。自分の気持ちに抵抗することをやめると、そのうちスーッとニュートラルな気持ちに戻れることがわかってきました。

誰だっていやなことがあれば落ち込むし、いいことがあれば調子に乗ってしまう。だけどそれはただの生理現象。アップダウンはあってもいつでもニュートラルに戻ればいいだけと思えたら、ものすごく気が楽になりました。

もし「なかなか客観的に気づけない」という場合は、おまかせください。世の中に「ぐるぐる大賞」なんてものがあったら優勝できるほど悩んできた私が編み出した、いろんなやり方や考え方をご紹介します。

◎気持ちは体と連動しています。不安や心配が「ある」のは認めて、巻き込まれないように横に置いておき、代わりに体を簡単に動かしましょう。たとえば首や肩をぐるっと回すでもいいし、歩くでも空を眺めるでもいい。ちょっとした体の動きでスイッチを切り替えることができます。体を動かすことで気持ちが変わり、別の視点から物事を捉えられることもあります。

◎人に話してみる。ただし同じことに頭を悩ませている人に聞いても愚痴大会にしかならないので、話す相手は選ぶこと。たとえば恋愛の相談をするなら、同じ悩みを持っている人より、すでに恋人がいて円満な関係を続けられている人。仕事の相談なら、仕事の愚痴ばかり話している人より、自分らしく働いてイキイキしている人。自分より世界が広く、経験があって価値観に敬意を持てるような人を探す。

◎ハプニングやトラブルはどんな人にも起こりうること。そんなときはあわてたり落ち込んだりするよりも「笑えるネタがきたぞ」と捉えてみる。実際に私はしょっちゅう失敗をするけれど、ネタにして発信すると「私も同じことしました！」とか「こんな失敗もするんですね、安心しました」と共感してもらえることが多い。電車を間違えたらその駅で降りて好みのカフェを探してみるとか、失敗を楽しいほうに切り替えるのもおすすめ。

◎問題が大きすぎる場合は、悩みを解決することを未来の自分に託す。たとえば私が中学生のときに悩んでいたことを大人の私が聞いてあげたとしたら、笑っちゃうほど可愛い悩みだったりする。つまり成長するにしたがって視点が上がり、問題が問題じゃなくなることが多い。それまで架空の引き出しに入れて放っておくのもひとつの手。

◎ぐるぐるの理由が他人にある場合は、「今の自分に何ができる?」と自分に意識を集中する。これは17年間の結婚生活や子育てから学んだことでもあるけど、肉親といえども自分以外の人をコントロールするのは無理。だったら視点を自分に向けて「何ができるか」を考えたほうが早いし精神的にもヘルシーでいられる。

とはいえ人間ってぐるぐるしちゃうこともありますね。えらそうにこんな話を書いている私だって、いまだに「ハッ! またやってた!」なんてことはしょっちゅう。いいんです。あの手この手でぐるぐるを回避する作戦でいきましょう。

パジャマの洗濯でわかったこと

何気なく書いたつもりだったんです。まさかここまで人によってスタイルがさまざまだったなんて……。

何の話かというと、パジャマを洗う頻度の話。インスタグラムで「50代、冬のパジャマどこに置く?」という投稿を作ったんです。夏は毎日パジャマを洗うけど、冬はなかなか乾かないから週に2回ぐらいかな? だから洗濯待ちのパジャマを入れるかごを置いたよ、という私にしてはたわいのない内容のつもりでした。

すると来るわ来るわ、コメントが! 再生回数が(現時点で)85万回を超え、コメントは85件。すべてがパジャマの件に触れているわけではないですが、多くの人がパジャマを毎日洗う派のようです。

えっ、そうなの? コメントがつくたびに冷や汗がたらり。パジャマってそんなに頻繁に洗うもの? 確か子どものころ、実家ではパジャマも洋服も毎日洗わなかった気がするけど（母はきれい好きで掃除はマメにする人）、私って不潔だったのか？

でも、じっくりコメントを読んでみると、さまざまな意見があることがわかりました。

「寝ている間もコップ1杯分の汗をかくといわれているので、毎日洗います」

なるほど、説得力あります。

「フルタイムで働くようになって、週2回になりました」

仕事が忙しいとそうなるよね。

「布団の中に隠す。へへへ」

お友だちになれそう。

おもしろいと思ったのが、「毎日洗うから（投稿を見て）びっくりした」という人と「毎日パジャマを洗う人が多くて驚いた」という両方の意見の人がいたことです。そうか、これだけ両極端な人が存在しているんだもん、それだけ習慣の違いって人によって大きいんだ。

よくよく読むと、フルタイムで働いていて忙しい人や家族が多い人は毎日洗えないことも多いみたい。そういえばうちの実家も5人家族で、母はパートだったけどなにかと忙しそうにしていました。洗剤や水の節約もあったのかもしれません。何も考えず、なんとなく実家の習慣が身についていたけれど、私はもうひとり暮らしだし、そう忙しくもないんだから冬でも毎日パジャマを洗濯しても困らないのでは？

そう考えて毎日洗濯するようにしてみました。天気が悪い日は部屋干しになるけれど、洗濯物が少し増えたからといってとくに面倒なわけではありませんでした。コメントの中に「置き場を作るより、洗って干すほうが楽」という意見もあって、確かにそうだよなぁと、置き場所にしていたかごを元の場所に戻したのでした。

今は洗うのが基本になったけど、たまに面倒だと洗わない日もあり、ベッドの上にたたんでおくこともあります。でも全力で思うのです。どっちでもいいやん！って。人それぞれ育ちも性格も違うし、家庭の事情もさまざま。自分のやりやすいようにすればいいし、そこに優劣はなく、他人がとやかく言うことではない。

1日に4〜5回洗濯機をまわすという人もいて、素直に尊敬します。でも、もし「やらなくちゃ」と無理されているなら、たまにはサボろうよ！とお誘いしたい気持ちです。

関係ない話だけど、カナダに留学中の娘から「こっちでは毎日はシャワーをしないのが普通」という話を聞きました。気候や文化の違いはあれど、世界は広い！　パジャマを毎日洗濯しなくても死なないと、声を大にして言わせてください。

たかがパジャマ、されどパジャマ。ちなみに私のお気に入りのパジャマは「無印良品」のワンピースタイプ。チェックが可愛いでしょ？

やること、やらないこと

ふと出合う本って、ありませんか？　目的なく書店をぶらぶらしていて、あら?と目にとまった本。スタイリスト伊藤まさこさんの『する、しない。』（ＰＨＰ研究所）はそんなふうにして出合った一冊でした。これが素敵な内容で、気持ちよく暮らすためにしている習慣を「すること、しないこと」に分けて紹介しているのです。たとえば「しないこと」は、ものを死蔵させない、作り置きはしない、午後はごはんを食べない（！）。「すること」は、自分をよく見る、ハンガーを増やさない、とりあえずでものは買わない、などなど。写真やデザインも見ていて気持ちよく、真似したいなぁと思う習慣がたくさん。

この本、読んだ方なら誰でも自分のことに思いをめぐらせるはず。じゃあ自分は何を〝する〟〝しない〟んだろうって。伊藤さんも「はじめに」で書かれているように、自分の「する、しないリスト」を作るという行為は、自分を知ることにつながります。習慣、つまり無意識にやっていることが、その人を作る。無意識を意識に上げることで自分という輪郭が浮かび上がるのって、すごくおもしろい！

ということで、私も習慣について考えてみました。

する

・朝起きたら白湯《さゆ》を飲む
・ベッドの布団を整える
・晴れていたら枕や布団を干す
・真夏と真冬以外は窓を開けておく
・気分転換にお香を焚く
・日曜日に水やりをする（曜日はズレてもＯＫ）
・野菜、海藻類、たんぱく質を意識して食べる

しない

・起きる時間と寝る時間を決めない
・今日の失敗を明日にひきずらない

「○○しなくちゃいけない」と考えるとしんどいから、することもしないことも流動的でオッケーにしています。

・出てきた感情を否定しない
・家計簿はつけない（ざっくり把握しておけばよし）
・毎日掃除しなきゃと思わない
・凝った料理は作らなくてもいい
・洗ったお皿は拭かない（自然乾燥でＯＫ）

これは〝気持ちよく、健やかに暮らすためのリスト〟とでも言いましょうか。

無理はせずに、自分のペースでゆるっと暮らしたい。だけど心地いい環境はできるだけつくりたい。そんな相反する気持ちに折り合いをつけて「ちょうどいい」を探したら、こんなふうになりました。「ここははずさない」というポイントだけを押さえたら、あとは「ま、いっか」ですませてしまうのが私流かもしれません。

このリストのおもしろさは、人それぞれ、こだわっているポイントが違うところだと思います。正しいも間違いもないと思うし、むしろそこから浮かび上がったものが〝その人だけの個性〟になるんじゃないかな。どこか偏っていたり、どこかが大きかったり小さかったり、デコボコだからこそ人ってユニーク。楽しいからぜひやってみて！

5章
私という木を育てる

家のすぐ近くにある公園は、緑がたっぷりで
ひそかな私の癒やしスポットです。

植物に育てられる私

　サボテンを枯らしたことがあります。そう言うと、たいていの人は「うそでしょ？」と驚くのだけれど、たまに「私もです！」と言う仲間がいて、ちょっと心強い気持ちになったりします。私の場合、買ったのは自分だったくせに、どうしてもサボテンという存在に興味が持てなくて面倒くさくて、そのうち水やりすることすら忘れてしまうというひどい話で本当にごめんと思うんだけど、ほかの方はどんな事情があったのかな。

　そんな面倒くさがりでずぼらなのに、30年後の今、のびのびと葉を伸ばすウンベラータやモンステラを育てていると昔の私が知ったら、どんな顔をするでしょうか。実は自分が一番びっくりしています。

　直接のきっかけは、雑誌の撮影で使う観葉植物を探したことでした。当時インテリア雑誌のライターをしていて、取材先の方にＤＩＹでフラワースタンドを作ってもらったのに肝心の植物がない！という事態になり、急遽《きゅうきょ》私が探して持参することになったのです。探しに行く時間もあまりない。そこで地元にできたばかりの「無印良品」の植物コーナーにて980円だった小さなウンベラータを買ったのです。その鉢は取材先にプレゼントしたものの、そんなに手軽に買えるんだったら私もひと鉢買ってみようかな、と魔が差したのでした。

「魔が差した」と表現したとおり、最初はとても恐る恐る、ビクビクした心持ちでした。だってサボテンにさえ愛情が持てなかったのに、育てるのが面倒になったらどうしよう。おいそれと生き物を捨てるなんてできないぞ、大丈夫か私。

ところが予想に反し、買った当初はわずか20センチほどの高さだったミニウンベラータが、今では倍の大きさに。あまり葉っぱはたくさんつかず、ひょろっとしているけれど、ちゃんと元気です。懸念していた水やりの面倒くささもさほど感じません。それどころか「今日も元気やねぇ」「おはよう」なんて植木鉢に向かって声をかけるんですから驚きです。

実際にはそんなに手をかけているわけではありません。週に一度、土の様子を見てカラカラになっていたらベランダに並べてたっぷり水をあげる。夏は少し頻繁に、だけどやり

ブーケを持ち帰ったら家でバラして小さな花びんに小分けに飾る作業が楽しい。どっしりした形の花びんは「ザラホーム」。

初夏から秋にかけて、必ず買うのがドウダンツツジ。枝もの用の花びんは「青山フラワーマーケット」で購入。

小さな枝1本だけでも机の上にあると目をなごませてくれます。ガラスの花びんは「トリバザール」で買ったもの。

「ババグーリ」のガラスの展示会で見つけた花びん。こっくりとした色とゆらぎのある形がなんともいえず好き。

市販の霧吹きではどうしても好きなものが見つからず、苦肉の策として「ファブリーズ」の空きボトルをよく洗ったものを使っています。

すぎに注意。基本はこれだけです。

気に入ったじょうろがいまだに見つかっていないから、キッチンで使っている計量カップをじょうろの代わりに。鉢底から水が流れ出るぐらいたっぷり水をあげたら、ついでに霧吹きの水を葉っぱにシュッシュッ。水やりをするのはたいてい晴れた日で、お日さまがポカポカ照らすベランダで葉っぱが風に揺れる様子を眺めているだけで気持ちがやわらかくなります。

わが家は日当たりがいいからか、ほとんどの鉢がすくすく育って葉を伸ばしてくれます。とうとう成長しすぎて鉢底から根っこが伸びたので、ネットでやり方を調べて植え替えにもチャレンジしました。ひと回り大きめの鉢を買い、鉢底石なるものを敷いてから伸びすぎた根っこをカットして土をかぶせていく。見よう見まねで自分のやり方が正解かはわからないけれど、今のところ枯れていないから大丈夫。よかったと胸をなでおろしました。

さて、サボテンを枯らした30年前の私と今の私、何が違うのか？　自分で考えても明確な答えはわからないけれど、おそらく生きるのに精いっぱいだった若いころに比べ、少し気持ちにゆとりが生まれたのかもしれません。昔の私には「ちゃんと育てよう」とコミットする気持ちや「生き物を育てている」という自覚がなかったのでしょう。また、汚部屋だった家を片づけて空間に余白ができ、植物が映える部屋になったことも大きいかもしれません。気のせいかもしれないけれど、元気な植物が部屋にあると、それだけで前向きな気持ちになれるんです。

今これを書いていて、ちょっと待てよと思いました。今まで「私が植物を育てている」と思っていたけれど、本当は「私が植物に育てられている」のかも。ついつい自分自身に厳しい言葉を向けてしまいがちだけど、「元気でありがとう」と植物にかけた声が自然と自分にも響きます。何かと自己中心的な考えになりがちな自分勝手なところも、〝愛情をもって何かに手をかける〟という行為がうまく中和してくれているような。

植物のおかげで人間としてちょっとは成長できたのだったらうれしいな。そして30年前にサボテンを枯らしながらもいっしょうけんめい生きていた昔の私を、抱きしめてあげたい気分です。

2つの和室を仕切るのに使っている本棚と引き出しは、ずいぶん前にオークションで手に入れたもの。いくつかある花びんは洋書の上に並べて飾りながら収納を。

お金さんとの上手な付き合い方を考える

昔から大雑把で細かいことが苦手でした。お小遣いをもらってもどんぶり勘定。学生時代にアルバイトをしてもすぐに使ってしまう。お小遣い帳や家計簿をつけようとやってみるものの、一度として続いたためしはありません。お金の使い方も〝ザル〟に近く、よく今までそれで暮らしてきたよね？と自分を客観的に見て呆れつつ感心するような乗り切り方で生きてきたのです。

もちろんピンチになったことは多々ありました。だけど、なんとかかんとか人や状況に助けられてきたことで、良くも悪くも改めてお金のことを考える機会を失ってきたような気がします。そんな私が心底ピンチだと思ったのは、ほかならぬコロナ禍という出来事でした。

「もし今の仕事がすべてストップしたとしたら？」

この恐怖をありありと、まざまざと見せつけられたことで、どんぶり勘定マンだった私のお尻にもようやく火がついたのです。さぁどうする？

私がしたのは、まず現状把握でした。お金にちゃんと向き合っている人は「何を今さら、当然のことを」と驚かれるかもしれませんが、それまで、なんとなく行き当たりばったりでやってきたお金の計算を改めてしてみたのです。預金通帳とにらめっこしつつ、家賃や光熱費、必要経費など、何にいくら必要か、そして生活するのに必要最低限の金額はいくらかを紙に書き出してみました。


「なるほど。これだけの金額があればなんとか生きられるんだ」

そうわかっただけで少し気持ちが落ち着きました。それまでは、お金のことを直視するのが怖くて仕方なかった。たまに浪費してしまうこととか、どうしようもない状況で借金してしまった経験から、自分は恥ずかしいお金の使い方をしているという苦手意識がありました。直視するとダメな自分と向き合わなくちゃいけないのが怖かった。だけど勇気を出して「エイヤッ」と見てみると、案外冷静に現実を見ることができたから不思議です。

本で読んだり人から聞いた話ですが、「人はお金に対してどう思っているか、感じているかの刷り込みや思い込みによって、今の金銭状況が決まる」という説があるそうです。よくよく振り返れば、幼いころから「うちは貧乏やからムダ遣いしたらあかんで」と教えられてきました。つまり「お金＝怖いもの」と捉えてしまい、恐怖を抱いていたためにお金から距離を置こうとしてきた。その結果、お金からも距離を置かれるという状況になっていたのかもしれません。だけど直視したことで、少しだけお金さんと仲直りできたように思います。

そのあと、今の仕事ができなくなったとして、何ができるんだろうと調べてみました。52歳、経験ははるか昔の営業マンや長年のライター業のみ。不器用でどんくさくて学歴も特技もなし。こんな私にできる仕事ってあるの？

そこで在宅オペレーターの仕事を見つけて履歴書を送り、ＷＥＢ面接を受けたものの落とされてしまいました。「やっぱり自分にできることはそう多くないな」とがっかりしたあと、なんだか不思議と元気が出たのです。面接は落ちたけど、条件的にできそうな仕事はあるにはある。もしものときはもっと本腰を入れて探せばどうにかなる！

今まで逃げてきたお金と仕事のことに思い切って正面から向き合う機会をつくったことで、結果としてなんとも言葉では説明しがたい〝安心〟が生まれました。

それから3年が経ち、思いがけずインスタグラムがお仕事につながったことで状況は変わりました。今のところなんとか食いっぱぐれることなく生きているけれど、これはお金から逃げるのをやめたことが関係しているような気がしてなりません。

万が一何か大きな転機が来たとしても、心のどこかにこの出来事はちゃんと根を張っていて、〝何があっても大丈夫〟という感覚とつながっています。これからもお金さんと仲良くできますように。

自分嫌いを卒業できた、ある方法

今まで生きてきた55年の中の約48年間は〝自分が嫌い〟と思っていたような気がします。記憶をたどってみると、物心ついた5歳ぐらいのときに保育園でいたずらをして先生や親に怒られて「私ってダメやなぁ」と落ち込んだかすかな思い出があるし、最近では部屋を片づける53歳までは自己否定が激しすぎて、それを解消するためだったらなんでも試す！と自己啓発本を読みあさったり、セミナーなどもたくさん渡り歩いてきました。それでもまったく変われなかったのは、結局自分のことを見ているようで直視できていなかったんじゃないかなと感じています。

自分と真正面から向き合うのが怖かった。それがひょんなことから意図せずに向き合うことになったのは、ほかならぬ家の片づけがきっかけでした。

たまりにたまったガラクタや不要品と対峙《たいじ》するのって、それを家に入れることを選んだ自分と向き合うのと同じ。人からもらったからとか、安いから買ったとか、そのときは必要だと思ったとか、それぞれ理由があるけれど、「家に置く」と決めたのは自分。そう決めた自分と向き合って「なんで入れたの？　まだ必要なの？」と会話するわけです。部屋の片づけは過去の自分との対話なのです。

押し入れから引っ張り出され、部屋を埋め尽くしている山のようなガラクタも、そうやってひとつひとつ会話することで「今の自分には必要なかった」と認識していきました。それと同時に無意識でやっていたのは、それを選んだ過去の自分を〝許す〟ということじゃないかなぁと思います。

残すと決めたのは「今使うもの」と「好きなもの」だけ。不思議なんだけど、不要なものを捨てるとめちゃくちゃ気持ちがスッキリするんです。なんでだろう。モノという物理的なものを捨てているのに、心の中のゴミまで一緒に捨てている気分。

捨てることで残ったのは、気持ちのいい大好きな部屋と、そこで過ごすおだやかな時間。視界の中に入ってくるのはときめくもの、癒やされるものばかり。私の場合はそれだけじゃなくて、15年も住んでいた部屋が日当たりがよく、風が抜けて見晴らし最高な物件だと気づいたことも大きかったのです。窓辺で風に当たりながらぼーっと日向《ひなた》ぼっこしているだけの行為が、こんなにも人を癒やすなんて知りませんでした。

私はその経験をインスタグラムや自分で作ったデジタルブックで言語化できたのもよかったんだと思います。無意識でやっていたことを客観的に見て言葉にすると、より自分が見えてくるから。

この方法が万人に通じるかどうかはわかりませんが、自分を嫌いだとしか思えないなら、まずは徹底的に部屋を片づけてみるのもひとつの方法かもしれません。もしかして隠れていた本当の自分や新しい自分に出会えるかもしれないですよ。

玄関脇の洋室は元子ども部屋。今は仕事机を置いて書斎として使っています。外したふすまもこの部屋にまとめて置いています。

心配をやめて平和を選ぶ実験

できすぎる姉を持ったからか、幼いころからいつも心配されて育ってきました。

「忘れ物してへんか?」

「宿題やったんか?」

「今度のテスト大丈夫?」

「そんなんでどうするの、心配やわぁ」

しっかり者の姉とは違い、どこかネジが一本抜けたような子どもだったので、親の心配も致し方なかったのかもしれません。大人になってからも好きなように生きてきたゆえ、さぞや心配の種は尽きなかったことでしょう。もちろん迷惑もたくさんかけてきました。

だからか、「先のことを心配する」のは私にとって当たり前のことでした。素直というか生真面目というか、人の言葉を真正面から受けすぎる性分もありました。そういえば、小学生のころふと気づいた瞬間があったっけ。道を歩けばいつ事故に遭うかわからないし、いつ病気で死ぬかわからない。世の中ってコワイことがいっぱいなんや！って。
今まで生きてきて心配がマックスになったのは、40歳ごろ。ギャンブルがやめられない夫がとうとう仕事をしなくなり、家のローンが払えなくなって家が競売にかけられたとき。その後ひとりで子ども3人を育てることになり、一体どうなるんだろうと不安で仕方がありませんでした。お金のことは実家に助けてもらい、出張のときも母や友だちに来てもらって、不安定ながらなんとかライターとして生活をまわしていました。

その後、雑誌がどんどん売れなくなり、携わってきた雑誌がひとつ、またひとつと休刊が続きました。メインでやっていた雑誌も好調期からは考えられないほど売り上げが落ち込み、原稿料がじわじわ下がってきて。危機感が頭から離れず、もはや不安は友だち、心配は親友でした

でもちょっと待てよ？　ふとした疑問が頭をよぎったのは、部屋を片づけたことで気持ちがスッキリしたころのことでした。お日さまの光がぽかぽかと差す窓辺で、ふわ〜っと風に揺れるカーテンを眺めているその瞬間は、とっても心が平和なことに気づいたんです。先のことはわからないままで、ライターを続けていけるかさえわからない。そんな状況な

気分転換したいときや夜のお風呂あがりなど、ベランダからの景色を眺めるのが大好き。山や空を眺めるとホッとします。

のに、なぜかそちらに意識が向くよりも〝今目の前にある心地よさ〟を実感できている。これってなんなんだろう。

たとえ状況は悪くても、今この瞬間の心の中では〝平和〟を選ぶことができる。不安なことに意識を向けるのをやめて、心地よさをめいっぱい体中で味わうだけで。そっか、自分が好んで不安を選んでいたんだ。こうして自分の思考の癖に気づいたことは、大きな発見でした。

聞いた話によると、人は視覚に大きな影響を受けるそうです。目の前が散らかった部屋だと思考も散らかってしまう。片づけた部屋でイキイキとした植物ややわらかな白いカーテンが目に入ると、気持ちまでゆったりする。一日の大半を過ごす自宅を片づけて、視界が心地よくなったことで、心配する時間が減って平和な気持ちでいられるようになったのです。

考えてみれば、たとえ心配したとしても、頭の中で考えているだけでは現実は何も変わりません。心配なら何かしらの現実的な対処をすればいいだけのこと。不安な妄想をしだすと本当にそれが起きそうに錯覚してしまうけれど、それって本当に起きること?と冷静になってみれば、取り越し苦労であることがほとんど。だとしたら、不安な気持ちでいたり、心配な妄想をする時間がものすごいムダじゃないか！　むしろそのストレスで本当に病気になっちゃいそう。

不安も心配も手放そう。そう心に決めました。もちろん人間の本能的な反応なので、まったくゼロにすることはできません。だけど何か不安が頭に浮かんだら「あ、今心配してるな」とただ気づいてあげる。するとサッと客観的になって「それはムダな思考だったな」と思えるのです。何か対処が必要なら対策を考えるだけ。おかげでグルグルと頭の中で思考にとらわれることが減りました。そのせいかはわからないけれど、いつしか現実もどんどん平和になっていきました。

そんな実体験から、私の中では「心の中が平和なら現実も平和」がキャッチフレーズ。相関関係を理論的に説明はできないけれど、それが本当なのか、今もひそかに実験中です。もし子どものころのように母に心配されたとしたら、「ありがとう」とその愛情を受け取ったうえで「大丈夫やで！」と笑顔で応えられます。

未来に向かってボールを投げる

それは、ある映画を観たときに起こりました。２０２1年に公開された『イン・ザ・ハイツ』というミュージカル映画。ふだんは劇中で突然人が歌い出すあの感じが苦手でミュージカルはあまり観ないのですが、なぜかそのときは観たくなったのです。出演者がイキイキと踊るその姿を目にするたび、どうしてか心が躍ります。それでふっと思い出したのです。

そうだ！　私はカッコよく踊る人になりたかったんやった！

心は18歳のあのころに戻っていました。当時流行っていたディスコにハマり、毎週末おしゃれをして出かけていた時代に。高校生なのにお酒を出す店に出入りしたり、夜遊びしたりするのはあまりよくないことだったかもしれません。若気の至りで、仲間とはしゃぐのが楽しかったこともあります。だけどそんなことより、好きな音楽に合わせて踊るという行為が楽しくて仕方がなかったのです。流行りのフリがあり、踊りのうまい女の子がやり出すとたちまちみんな真似してやり出します。それを真似して覚えるのも楽しいし、ちょっとでも板についた踊り方ができるとうれしくて。やよいちゃんというダントツに踊りがうまい女の子がいて、「私もやよいちゃんみたいにカッコよく踊りたい！」と心底憧れていたものです。やよいちゃん元気かな？

そんな熱い思いがよみがえってきて、映画が終わると、すぐに京都で大人でも通えるダンス教室がないか検索しました。たしか何年か前にも探したことがあり、そのときは若者が対象の教室しか見つけられずにあきらめたのです。でも今回は、1件だけ、40代からのヒップホップ教室が見つかりました。すぐさま連絡をして、次の月から通うことに。未経験の大人世代でもわかりやすく教えてくれる先生のおかげで楽しく続けることができ、少しずつ踊れるようになりました。

それで思い出したことがあります。私は2022年に生まれて初めて自分の本を出版しました。きっかけは自作した『しょ〜こジャーナル』を編集者の方が見てくださったこと。『しょ〜こジャーナル』とは、私が暮らしの中で考えたことや「好き」と感じたものを、写真と文章で表現したデジタルブックです。自分で写真を撮って文章を書き、デザインやレイアウトもひとりで行いました。ただただ〝ありのままの自分を表現したい〟という思いだけで、好きなように作ってみようとチャレンジしたものです。

幼いころから読書が好きだった私は、小学生のころから「いつか本を書く人になりたい」と夢見ていました。長い間試行錯誤はしてみたものの、どうにもこうにも形にならず挫折ばかり。とっくの昔にもう無理だとあきらめていたのです。いろんな経験やスキルが積み重なったおかげだと思うけれど、まさか50代で10歳のころの夢が叶うなんて、人生何が起こるかわかりません。

ある人から聞いた話ですが、時間は過去から未来に流れているのではなく、実は未来から過去へと向かって流れているという説があるそうです。西洋時計には文字盤があって針が動くけれど、昔の日本では針が固定されていて、文字盤を動かすのが普通だったそう。つまり、針＝自分は動かず、時が流れていくという感覚が一般的だったそうです。

その人は時の流れを川にたとえて説明してくれました。大きな川の真ん中に自分が立っていると仮定する。上流を向いて立つと、水は前（未来）から流れてきて自分の横（現在）を通り、下流（過去）へと流れていく。考えてみれば確かにそうです。そこで、上流（未来）へ向かってボールを投げるとします。するとボールは流れてくる。それをキャッチすることもできます。望みも同じで、未来へ向かって投げるといつか自分のところに流れてくるから、それをキャッチすればいい。

そうか、私は「カッコよく踊れる人になりたい」「本を書く人になりたい」と無意識のうちに未来へボールを投げていたんだ！とハッとしました。10歳や18歳に投げたボールをちゃんとキャッチできたのは奇跡的では!?

その説が正しいかどうかはわかりません。だけど、その考え方でいくと未来に向かっていろんなボールを投げておくと、いつかはちゃんと流れてくるということ。それってとてもワクワクする話です。どうすればキャッチできるか、なぜ私がキャッチできたか、何かコツがあるのかはわからないけど、ボールはきっと流れてくる。そのことを意識するだけでキャッチしやすくなるように思います。

なんでもいいから、ポイポイとボールを投げよう。流れてきたボールを見逃してしまっても、また投げたらいいだけのこと。下流を向いて「ああすればよかった」「こっちのほうがよかった」と後悔し続けるより、流れたものは潔く手放して、上流を向いて「ボール流れてこ〜い！」と両手を広げよう。そうすると、きっと楽しく生きられる気がします。

しょ〜こ
1967年京都生まれ、京都育ち。高校卒業後、OLを経て結婚。専業主婦からヤクルトの販売、広告代理店勤務を経てフリーライターに。おもな活動はインテリア雑誌『Come home!』（主婦と生活社）、『暮らしのまんなか』（扶桑社）など。40歳で3人の子どもを抱えてシングルとなり、52歳のときに部屋の片づけを開始。その様子をインスタグラムに投稿したところ登録者数が急増。現在は築47年の団地でひとりで暮らしながら、インスタグラム インフルエンサーとして活動中。著書に『不要なものを手放して、50代からは身軽に暮らす 自分、おかえり！』（主婦の友社）がある。

ブックデザイン　縄田智子 L'espace
撮影　砂原 文
編集　八木麻里（大和書房）

55歳《さい》、小《ちい》さなひとり暮《ぐ》らし
ワクワク、身軽《みがる》に、気《き》の向《む》く方《ほう》へ

2023年10月 5 日　第1刷発行
2023年10月20日　第2刷発行

著者　しょ〜こ
発行者　佐藤 靖
発行所　大和《だいわ》書房
東京都文京区関口1-33-4
電話　03-3203-4511
印刷　萩原印刷
製本　ナショナル製本

©2023 Shoko
Printed in Japan
ISBN978-4-479-78591-0

乱丁・落丁本はお取り替えいたします。
https://www.daiwashobo.co.jp